Wilhelm Jüttner

•

Erinnerungen eines neunzigjährigen Cottbusers

Wilhelm Jüttner

Erinnerungen eines neunzigjährigen Cottbusers

Heiter und todernst kann das Leben sein!

FRIELING

Die Schreibweise entspricht den Regeln der „alten" Rechtschreibung.

Die Deutsche Bibliothek CIP-Einheitsaufnahme
Jüttner, Wilhelm:
Erinnerungen eines neunzigjährigen Cottbusers : heiter und
todernst kann das Leben sein! / Wilhelm Jüttner. Orig.-Ausg.,
1. Aufl. Berlin : Frieling, anno 2001
ISBN 3-8280-1465-8

© Frieling & Partner GmbH Berlin
Hünefeldzeile 18, D-12247 Berlin-Steglitz
Telefon: 0 30 / 76 69 99-0

ISBN 3-8280-1465-8
1. Auflage anno 2001
Umschlaggestaltung: Graphiti GmbH Berlin unter Verwendung
einer Zeichnung des Autors
Sämtliche Rechte vorbehalten
Printed in Germany

Vorwort

Nach dem Tode meiner Frau, nach 65jähriger Ehe, tief getroffen, mußte ich mir ein ganz anderes Leben einrichten. Alles war unendlich anders.

Unter anderem das simple Mittagsmahl.

Meine Großküche (Essen auf Rädern) servierte mir mein Essen nach 10.30 Uhr. Ich stellte es warm und benutzte die Stunde, um Aufzeichnungen über mein Leben zu machen. Fast jeden Tag wurde eine Blockseite geschrieben. Irgendwie gebar ich den Gedanken, mein Leben aufzuschreiben. Es ist mir heute unverständlich, wie daraus ein „gewisses Werk" entstehen konnte. Habe ich doch keine einzige Korrektur vorgenommen. Ehrlich, ich habe immer nur fleißig geschrieben.

Zwei Menschen spielen beim Entstehen meines Buches eine entscheidende Rolle.

Frau U. Springer, Dipl. Gerontologin, lernte ich im März 1999 kennen. Frau Springer hat mich professionell beraten und die ganze Last der anfallenden Arbeiten mit ihrer Computertechnik professionell bewältigt. Ich bin ihr sehr zu Dank verpflichtet, denn ohne sie hätte ich jetzt nicht den Vertrag von Frieling & Partner in den Händen.

Herrn K. Wilke habe ich als jungen Redakteur der Lausitzer Rundschau kennengelernt. Wir waren jahrelang Nachbarn. Inzwischen arbeitet er als verantwortlicher Redakteur besonders auf literarischem Gebiet. Er hat mein Manuskript gelesen und als gut befunden. Er hat sich um mein Buch bemüht und empfahl mir u. a. den Verlag. Herrn K. Wilke herzlichen Dank.

Im Jahr 1908 wird der Steinsetzgeselle Emil Jüttner von seiner Firma nach Zabrze versetzt. Die Breslauer Steinsetzfirma hat einen Riesenstraßenbauauftrag und schickt auch eine ihrer besten Kräfte nach der oberschlesischen Bergbaustadt. Der junge Mann findet eine Unterkunft bei der Familie Zarsky. Der Hausherr ist ein selbständiger Sattlermeister und wohnt mit seiner Frau, Sohn und Tochter in einer bescheidenen Wohnung über der Werkstatt. Der Emil wird bald in die Familie integriert, und, wie sollte es anders ausgehen, der junge Breslauer und die Sattlerstochter finden zueinander und werden ein Paar. Und wie es so vielen jungen Paaren ergeht, am 4. Januar 1910 ist ein kleiner kräftiger Schreihals da, und das bin ich.

Ich habe natürlich von den ersten Lebensjahren ziemlich verschwommene Eindrücke. Schon erstaunlich ist, daß die grauen Zellen des Gehirns so eine lange Speicherfähigkeit des Erlebten behalten. So weiß ich natürlich nicht, wie es meine Eltern fertiggebracht haben, in Breslau eine Wohnung einzurichten. Es ist ja den Medien viel von dieser Zeit berichtet worden, aber es muß doch ungeheuer schwirig gewesen sein.

Die Arbeitszeit war sehr lang. So elf bis zwölf Stunden täglich, auch am Sonnabend, und die Frauen waren damals nur Hausfrauen und konnten nichts dazu verdienen. Ich habe da auch keine Erinnerung an Möbel oder Hausgerät. Es wird ja sehr primitiv gewesen sein. Eins habe ich aber behalten. Im Erdgeschoß war ein Tabakladen. Wir wohnten im zweiten oder dritten Stock. Mit drei, vier Jahren war ich so abgerichtet, und es ist auch nie was passiert. Ich kraxelte die Treppen runter und auch wieder rauf und holte für meinen Vater eine „Londe", Blonde konnte ich noch nicht aussprechen – Zigarillos, die damals „in" waren.

Am 3.1.11 wurden wir mit einem Schwesterchen beschenkt. Die Grete sorgte für den Zuwachs. Es war eine schlimme Zeit.

Die politischen Ereignisse spitzten sich zu. Und 1914 begann der sogenannte Erste Weltkrieg. Der Vater wurde sofort zum Wehrdienst eingezogen, weil er ja gedient hatte, und wurde bald in Rußland eingesetzt. Prompt wurde er am zweiten Tage einer großen Schlacht gefangengenommen. Für ihn war also gewissermaßen der Krieg zu Ende.

Viel später erfuhren wir dann, es kann ein Jahr oder länger gedauert haben, daß er nach dem Osten Rußlands in ein Kriegsgefangenenlager gebracht wurde. Für unsere Mutter wurde es jetzt sehr schwierig, uns kleine Bälger durchzubringen. Sie mußte arbeiten gehen, und mir ist es schleierhaft, wie sie das geschafft hat. Es gab doch damals keine Kindergärten.

Langsam mit dem Älterwerden kommen die Erinnerungen. Wir vegetierten bei einer mangelhaften Ernährung. Deutschland war doch abgeschnitten ringsherum, und mit einem Markensystem versuchte es, seine Bevölkerung vor dem Hungertod zu bewahren. Die Speisenfolge war sehr eintönig. Sie baute sich hauptsächlich auf der Kohlrübe auf, die in den Kriegsjahren in ungeheuren Mengen produziert und verspeist wurde. Eine willkommene Abwechslung waren Kürbissuppe und Sauerkraut. Hatten wir mal Glück und bekamen ein paar Kartoffeln, wurden sie mit einer undefinierbaren Marmelade gegessen. Die Bäcker und die Fleischer mußten ihr Können beweisen, denn sie mußten mit Füllstoffen wie Lupine, Mais und ähnlichem ihre Produkte strecken. So hatten wir uns an bitteres Brot gewöhnt. Wir Großstädter waren besonders betroffen und beneideten die Landbevölkerung und jene, die durch Beziehungen hin und wieder etwas Köstliches bekamen.

Ich weiß nicht, warum sich die Familie Zarsky entschlossen hatte, nach Breslau zu ziehen, und wir mit ihnen in einer Wohnung zusammenlebten und dazu noch im Herzen von Breslau, nicht weit vom Rathaus und Kaufhaus Barasch. Vielleicht, weil der Opa sterbenskrank war. Er saß am Fenster und hatte den Blick auf eine Kneipe gegenüber. Er amüsierte sich dann immer, wenn der Wirt einen Betrunkenen auf die Straße warf. Er hatte nicht lange den Spaß des Fensterplatzes. Er verstarb sehr bald.

Nun zogen wir in die Weißenburger Straße am Odertor. Ich kann nur berichten, was mein Speicher noch hergibt. Ich weiß nichts über Zusammenhänge und warum das alles so ablief.

Inzwischen war ich so langsam ins schulpflichtige Alter gekommen und kam in die Volksschule. Das war damals alles sehr einfach. Es gab nur diese Möglichkeit für die Kinder der Armen.

Wir wohnten in der Weißenburger Straße im Hinterhaus. Wir hatten sehr viel Nebengelaß, was sich in der Zukunft auch günstig ausgewirkt hat. Wir hielten Kaninchen im Treppenflur, und in der Küche war eine Henne untergebracht, die sehr fleißig Eier legte, aber eben auch nicht zur Geruchsverbesserung beitrug. Die Oma konnte sich doch nicht von ihrem Liebling trennen.

Im großen und ganzen waren wir gewissermaßen in eine Ära „Onkel Alfred" eingetreten. Der entpuppte sich trotz seiner Jugend als gewiefter Geschäftsmann. Er war bewundernswert und hat uns über die schlechten Zeiten hinübergerettet. Wie er das alles anstellte, ist mir heute noch ein Rätsel. Zum Beispiel ein ganzes Faß blauen Käse zu besorgen – ja, der war richtig blau und stank fürchterlich –, das sprach sich im ganzen Viertel schnell herum, und in kurzer Zeit war das Faß leer. Wie geschickt er war! Ein Sack Mehl aus zusammengeschütteten Substanzen, und Onkel Alfred backte Pfefferkuchen. Wo hatte er die Bleche oder Tiegel her und die Gewürze? Nun mußte allerdings die Oma, die alte Zarsky'n, her. Sie fuhr mit der Straßenbahn zu Bergmann Borsig, wo Hunderte Beschäftigte waren. Und die rissen ihr das scheinbar Eßbare aus der Hand. Wir hatten auch Proben da. Die

Küchelchen waren steinhart, und noch einmal durfte Oma nicht am Fabriktor Bergmann Borsig stehen.

Die Bonbonkocherei war schon schwieriger. Da wurden kleine Maschinen gebraucht, die die Bonbons auspreßten. Na, und der Zucker. Das Problem wurde einfach gelöst. Zarsky jun. hatte unverschämtes Glück. Im Vorderhaus gab es eine Drogerie und ein Schreibwarengeschäft, dessen Inhaber eine Druckerei betrieb. Die Tochter und der Alfred kamen sich näher und verlobten sich dann auch. Nun war der Schwiegervater ein Könner, der es fertigbrachte, die amtlichen Lebensmittelmarken zu fälschen. Das wird gewiß nicht einfach gewesen sein, brauchte man doch das Papier in den richtigen Farbtönen und die richtigen Lettern. Onkel Alfred war zu der Zeit vor allem an Zuckermarken interessiert. Jetzt kam unsere Aufgabe. Wir mußten Zucker in größeren Mengen einkaufen. Wir mußten ziemlich ausschwärmen, weil wir ja nicht Riesenmengen in einem Laden kaufen konnten. Meine Schwester Grete und ich erledigten diese Aufgabe mit Bravour und können es heute noch nicht fassen, daß das gutging und wir nicht geschnappt wurden.

Der Onkel war tüchtig, mußte er außer Maschinen auch Essenzen und Literatur besorgen. Heute noch Hut ab. Die Bonbons waren auch das Beste, was er geschaffen, und das Ehrlichste außer der kriminellen Beigeschichte.

Er hatte aber noch andere Einfälle. Da sind Begebenheiten von damals, die man sich einfach nicht erklären kann. Da gab es in der City ein Geschäft, wo man Tabakstaub kaufen konnte, feinste Teilchen vom edelsten Tabak, aber auch den edlen Tabak zu sündhaften Preisen. Onkel Alfred hatte wieder eine Idee. Er hatte eine, wenn auch unseriöse, Marktlücke erspäht – die Produktion von gut aussehenden Zigaretten. Es gab doch nur die aus einheimischer Ernte hergestellten Tabakwaren. Die Produktion der

Glimmstengel war denkbar einfach. Wir Kinder waren sogar begeistert und halfen tüchtig mit. Man brauchte nur ein speziell zugeschnittenes Stückchen Pergamentpapier mit einer Spitze an einer Seite mit Reißzwecken am Tisch zu befestigen, auf das Papier rechts und links ein klein wenig Edeltabak, goldgelb, zu legen und dazwischen immer den Tabakstaub. Dann wurde das Papier in Form einer kleinen Röhre gerollt und eine im Fachgeschäft gekaufte Zigarettenhülse auf die Spitze gesteckt, mit einem Holzstöckchen wurde der Inhalt (Tabak) in die Hülse geschoben. Eine Zigarette war fertig.

Natürlich mußte Oma Zarsky wieder den Verkauf übernehmen. Die alte Dame war bewundernswert, wie sie spätabends ohne Furcht in die Innenstadt fuhr und die Zigaretten, die ihr anfangs aus den Händen gerissen wurden, in Gaststätten verkaufte. Dieses Mal war die Idee aber ein Flop. Die Zigaretten ließen sich nicht rauchen. Wenn das bißchen guter Tabak verbrannt war, rutschte der Staub aus dem Papier, und der Genuß war vorüber. Nur ihr hohes Alter konnte die alte Frau davor bewahren, von den empörten Käufern zusammengeschlagen zu werden.

Onkel Alfred war aber nicht zu entmutigen. Er hatte Verbindungen zu Schieberkreisen und tätigte Geschäfte, von denen seine Familie nichts wußte. Er war fast jeden Abend unterwegs und hatte unverschämtes Glück, daß er mit der Polizei keinen Ärger bekam. Wir hatten jedenfalls nichts bemerkt und profitierten von seinem Geschäftssinn.

So lebten wir eigentlich verhältnismäßig ruhig inmitten des fürchterlichen Weltkrieges, bis ein grausiges Ereignis uns aufschreckte. Und das spielte sich in unserer unmittelbaren Umgebung ab. Da war doch noch die Drogerie im Vorderhaus. Wir kauften wenig dort, es gab ja auch kaum was. So wußten wir nichts über das Ehepaar, das in der Drogerie hinter dem Ladentisch stand. Nur eines war durchgesickert, daß die Eltern mit ihrem einzigen Sprößling, einem 6jährigen Jungen, nicht klarkamen. Der soll ja so ein Ausbund an Ungezogenheit gewesen sein, daß auch die strengsten Bestrafungen nichts bewirkten. An dem betreffenden Tage soll er die Federbetten mit einer Schere zerschnitten haben. Da faßten die Eltern einen unheilvollen Entschluß. Sie sperrten den Jungen in den Keller – ein Keller, der ihnen als Lagerraum für viele Stoffe und Flüssigkeiten diente. Um den Jungen nicht den Schrecken der Finsternis auszusetzen, stellten sie eine brennende Kerze auf eine Holzkiste. Und damit war die Katastrophe vorprogrammiert. Der Junge schlief ein, die Kerze brannte herunter und setzte die Kiste und alles mögliche in Brand. Schnell brannte alles im Keller, und obwohl der Brand schnell entdeckt wurde und die Feuerwehr, sie hatte nur ein paar Hundert Meter weiter ihr Depot, das Feuer in kurzer Zeit löschte, kam für den Jungen alles zu spät. Ich kam gerade aus der Schule und hatte Schwierigkeiten, ins Haus zu gelangen. Es war alles abgesperrt, weil sich viele Schaulustige angesammelt hatten. Dummerweise lag der verkohlte und zusammengeschrumpfte Körper des unglücklichen Jungen in einer Ecke des Durchgangs zum Hinterhaus. Ich hatte lange Zeit zu tun, um über diesen Schock hinwegzukommen. So blieb ja auch der eklige Geruch sehr lange im Durchgang erhalten. Die Eltern sind bestimmt wegen fahrlässiger Tötung verurteilt worden. Daran habe ich keine Erinnerung.

Wir Jüttnerkinder spielten immer die erste Geige, wenn es im Hof um Spiel oder anderes mit den anderen Kindern aus dem Haus ging. Wir waren die Anführer, und ohne uns ging nichts. Wir organisierten die Spiele, sogar eine Straßenbande und Kämpfe mit den anderen Banden. Auch an Kinderfeste erinnere ich mich, die wir anregten, wobei uns die Eltern dann tüchtig unterstützten.

Auch für Aufklärung sorgten wir. Im alten Kleiderschrank entdeckten wir ein Arztbuch, wie wir es nannten. Wir studierten es eifrig und fanden viel über die Geschlechter, Schwangerschaft und alles, was damit zusammenhängt, heraus. Wir gaben unser Wissen weiter, und die Aufklärung über Sexualverhalten, wie sie heute als Schulfach krampfhaft versucht wird, haben wir vor so vielen Jahrzehnten zu hundert Prozent durchgeführt.

Wir waren voll Energie und auf der Höhe. Wir besuchten auch Kinovorführungen, allerdings mußten wir dazu mit der Straßenbahn in die Innenstadt fahren. Die Kinovorstellungen waren sonntags. Es war natürlich nicht die reine Freude, schlechtes Filmmaterial und mangelhafte Technik sorgten für große Unruhe im Publikum. Alle paar Minuten riß der Film, was jedesmal einen ohrenbetäubenden Lärm auslöste. Genauso brach das Inferno im Kino aus, wenn die Spannung stieg und die Gauner vor der Überwältigung standen.

Der blutige Weltkrieg war für uns Kinder nicht so einschneidend. Es gab ja kein Radio oder Fernsehen, und an Zeitungen kamen wir auch nicht. So spielte sich das entsetzliche Geschehen weit weg außerhalb unserer Sphäre ab. Wir lebten auf unserer Insel des Friedens. Unsere Mutter war viel mit uns unterwegs, natürlich nur sonntags. Wir machten schöne Dampferfahrten auf der Oder. Breslau hatte einen wunderschönen Zoo und eine Radrennbahn. In dieser Gegend war auch die imposante Jahrhunderthalle, die mit ihrem frei hängenden Dach damals einmalig war. Ich kann mich auch noch an schöne Varietévorstellungen erinnern, auch an Kinobesuche, die eigentlich nur den Erwachsenen vorbehalten waren. Breslau war mit seinen vielen Baudenkmälern eine schöne und interessante Stadt.

Und mein Vater saß die ganzen langen Jahre im fernen östlichen Teil Rußlands als Kriegsgefangener. Er kommt so bei meiner Schilderung zu kurz. Wir bekamen von ihm nur zwei, drei Karten mit ein paar spärlichen Worten. Aber der Krieg neigte sich seinem Ende zu, und so hatten wir Hoffnung, ihn bald wiederzusehen.

Ich war ja inzwischen ein paar Jahre in die Schule gegangen, was sich bald als Erfolg herausstellen sollte. Aus meiner Sicht kann ich das nicht mehr beurteilen, aber ich muß doch ein guter Schüler gewesen sein, denn eines Tages bekam ich ein Stipendium für das Gymnasium am Lehmdamm. Das war eine ganz schöne Herausforderung für mich. Da wehte ein anderer Wind, und ich mußte mich ziemlich zusammennehmen, um einigermaßen die Anforderungen an die Leistungen erfüllen zu können. Die Mitschüler waren doch alle Söhne gutsituierter Eltern. Ich kam mir dazwischen als Proletarierkind ziemlich verlassen vor. Meine Stärke war Zeichnen, und meine Handschrift wurde gelobt. Beim Französisch kam ich nicht so gut mit.

Der Krieg war inzwischen, Gott sei Dank, zu Ende, und es begann sich langsam alles zu ordnen. Und das weiß ich auch noch, die schneeweißen Brötchen und der herrliche Kakao, wenn er auch mit Mehl gedickt und klumpig war. Die Leckerbissen kamen von den Amerikanern, die das notleidende deutsche Volk nicht im Stich ließen.

Die vaterlose Zeit unseres Zusammenlebens ging zu Ende. Mein Vater wurde aus dem Kriegsgefangenenlager entlassen und kehrte in den Schoß der Familie zurück. Für ihn war das Einfügen in das normale Leben nach jahrelangen Entbehrungen gar nicht so einfach. Eine Arbeit in seinem Beruf als Steinsetzer hatte er ja sofort bekommen, war er doch als einer der besten allgemein bekannt. Unter den Kollegen rumorte es, sie hatten eine fixe Idee, eine Vision. Sie wollten eine Genossenschaft gründen, und nach langem Hin und Her taten sie es dann auch. Oh, Unternehmer sein, das war doch die Erfüllung eines Traumes. Sie kratzten ihre Ersparnisse zusammen und gründeten die Steinsetzergenossenschaft Breslau. Doch o weh, es wollte alles nicht so richtig klappen. Der Fleiß ließ nach, mangelnde Erfahrung in der Buchhaltung und im Geschäftswesen und Streit unter den Genossen führten zu einem schnellen Ende. Die Genossenschaft war pleite. Ein Traum war ausgeträumt.

Nun hatte das natürlich Auswirkungen auf meinen Vater. Er schämte sich vor seinen ehemaligen Arbeitgebern und war nicht zu bewegen, nach einer Arbeitsstelle zu fragen, die er ohne weiteres bekommen hätte. So suchte er nach anderen Möglichkeiten. Und siehe da, für ihn war es Glück, daß er in einer Breslauer Zeitung eine Anzeige las, in der der Herr von Rhein vom Rittergut Bagenz einen Teichwärter suchte. Mein Vater war Feuer und Flamme und sagte dem Bagenzer Herren zu. Damit entstand nun ein gewaltiger Einschnitt in unser bisheriges Leben.

Für Schwester Grete und mich war es ja von Anfang an ein Abenteuer. Für unsere Mutter war aber dieser Umbruch eine schmerzhafte Angelegenheit. So tüchtig unser Vater in seinem Beruf war, so unselbständig war er in allen anderen Dingen. Und ich behaupte, daß unsere Mutter die ganze Last des Umzuges getragen hat. Mutter war tapfer. Sie organisierte die Verladung der alten Möbel und des ganzen Krempels, der nun einmal zu einem Haushalt gehört, und die Entladung im fernen Bagenz, was ungleich schwieriger gewesen sein muß, stand uns doch die Dorfbevölkerung anfangs skeptisch gegenüber.

Wir zogen in eine Bruchbude, ein verkommenes Häuschen am Rande der großen Fischteiche. Für uns Kinder war alles herrlich, Wunder über Wunder. Wir hatten ja in der Naturkunde nur mangelhafte Kenntnisse von der Gewaltigkeit der unendlichen Natur erhalten. Nun erlebten wir sie hautnah. Wir hatten auch keine

Ruhe und konnten es nicht erwarten, die nächste Umgebung zu erforschen.

Vielleicht hundert Meter von unserem Häuschen entfernt befand sich eine Laubwaldschonung, in einer Senke gelegen. Durch die üppige Vegetation schlängelte sich ein kleiner Bach, für uns das Paradies. Was es da alles zu sehen und zu befühlen gab, war unwahrscheinlich. Es summte und schwirrte. Für uns blühten seltsame Blumen. Die Groschenbuchschriftsteller hätten gesagt: Wir schwelgten in Glückseligkeit. Es war für uns Großstadtkinder beinahe ein bißchen zuviel auf einmal. Es war aber auch gut, ein bißchen Freude aufzutanken, denn es kamen schwere Jahre auf uns zu.

Mutter mußte die Häuslichkeit einrichten, dazu gehörte auch das Neupinseln der Räume. Der Vater war eben leider ungeschickt und konnte nicht viel helfen. Oh, die erste Zeit war schwer, schon die Beköstigungsfrage. Wie die Mäuler in der ersten Zeit stopfen? Mein Vater bekam jeden Monat einen Sack Roggenkörner und von Zeit zu Zeit eine Fuhre Brennholz als Deputat. Die paar Pfennige Lohn konnte man gar nicht rechnen. Wir standen also praktisch ohne Geld da. Nach geraumer Zeit hatten wir dann Kaninchen und eine Menge Hühner. Und eine Ziege haben wir auch mal geschlachtet. Bloß der Anfang, das Brotbacken. Wir hatten einen schönen Steinbackofen, doch die ersten Brote waren nicht richtig durchgebacken. Im Volksmund heißt das „kluntschig" – eine fürchterliche Speise. Die Bauern hatten wohl Mitleid und klärten uns über vieles auf. So mußte der Ofen gut durchgeheizt sein, so daß die Wölbung schneeweiß war und die Bodenfläche, wenn man die Asche zusammenkratzte, Funken sprühte. Dann gab es wunderbare Brotlaibe.

Als die Hühner herangewachsen waren, hatten wir täglich jede Menge Eier. Das war auch nötig, denn wir hatten ja nur ganz selten Fleisch auf dem Mittagstisch.

Ich bin heute der Überzeugung, daß nur der ungeheure Willen und ihre Fähigkeiten auf allen Gebieten unsere Mutter mit uns überleben ließen. Sie hatte handwerkliches Geschick, sie schneiderte, sie schlachtete kleinere Tiere und konnte herrliche Wurst bereiten. Sie konnte einfach alles.

Nun stellte sich heraus, daß der Schloßherr zwar einen Teichwärter gesucht hatte, aber unser Vater fast immer im Wald arbeiten mußte, also als Tagelöhner, wie man das so nannte. Wie mein Vater damit fertig wurde, weiß ich nicht. Es wurde spärlich geredet, und mit dem Herrn von Rhein konnte Vater auch nicht sprechen. Der hatte ja seinen Inspektor, der ihm alle unangenehmen Sachen vom Leibe hielt.

So waren wir beiden Nachkömmlinge die eigentlichen Gewinner. Wir waren glücklich, und uns gefiel alles. Wir wurden natürlich schnellstens in die Dorfschule eingeschult. Ade Gymnasium. Unser Lehrer, Sperber mit Namen, war überglücklich, daß er zwei solche Asse in seine Klasse bekam, uns Großstädter, ich dazu noch vom Gymnasium. Das war ein gefundenes Fressen. Wir waren sofort die Klassenersten und laut Sperber immer wieder die vorbildlichen Schüler. Uns konnte es recht sein.

Wir hatten einen recht langen Schulweg; er führte über einen Damm zwischen den riesigen Teichen bis zu unserem Häuschen. Daß der Weg sich dehnte und wir manchmal über Gebühr unterwegs waren, war bei unserem Entdeckerdrang eigentlich nur logisch. Wir hatten keinerlei Angst vor Tieren oder Insekten, weil wir uns der Gefahr nicht bewußt waren. So entdeckten wir einmal auf dem Schulweg ein Nest mit fünf winzigen Ringelnattern, die wir natürlich nach Hause mitnahmen. Unsere Eltern waren entsetzt, und unsere Hände rochen stark nach Knoblauch. Wir beobachteten später, wie die großen Schlangen elegant das Wasser durchfurchten. Es gab ja soviel Neues zu sehen, so daß wir ständig neue Eindrücke hatten. – Vater legte einen kleinen Gemüsegarten an, und wir Kinder sahen, wie sich aus den Blüten die Früchte entwickelten. Leider ließen wir der Natur nicht die Zeit zur Reife. Ausgehungert nach Obst, ernteten wir die unreifen Früchte ratzekahl. Das arme Dienstmädchen, welches mit einem Körbchen bewaffnet den langen Weg über den Damm machte, mußte unverrichteter Dinge ohne Kirschen zurückgehen. Die gnädige Frau hatte Gelüste auf Kirschen von dem Baum gezeigt, der bei uns im Garten stand. Die Angelegenheit hatte aber keine Auswirkungen auf uns Kinder.

Die Mutter war fleißig, sie arbeitete unermüdlich, ohne sich zu schonen. Und plötzlich hatten wir ein kleines Brüderchen. Der Horst war da. Er war in der schönsten Jahreszeit, im Juni gekommen, und so konnten wir ihn oft in unsere Obhut nehmen. Wir hatten die herrliche Umgebung und erfreuten uns daran.

Von Breslau kamen plötzlich Nachrichten. Onkel Alfred und die Oma hielten es allein nicht mehr aus und wollten zu uns ziehen. Tatsächlich, es dauerte nicht lange, und der Rest der Großfamilie war am Ort. Es klingt unwahrscheinlich, aber es sind nackte Tatsachen. Nun werden Oma und Alfred ja nicht so viel von ihrem Mobiliar mitgebracht haben. Ich kann sowieso nicht nachvollziehen, wie und wo wir in dem kleinen Häuschen hinter den Teichen untergekommen sind. Da wird ja die Würde des Menschen auch stark gelitten haben. Der Oma schien die Reiserei nicht viel ausgemacht zu haben, hat sie doch laut Arbeitsbuch viele Stellen als Dienstmädchen und Köchin in Böhmen und Mähren gehabt. Es muß doch alles glattgegangen sein.

Onkel Alfred, der gelernter Sattler war, bekam in Cottbus Heimarbeit. Er nähte bei uns zu Hause Aktentaschen. Es war immer große Aufregung, wenn Alfred liefern mußte. Er wurde mit der Arbeit spät fertig, daß wir schon den Zug rollen hörten, wenn er von Spremberg runterraste. Der Stationsvorsteher mußte manchmal mit seiner Fliegenklatsche warten, bis Alfred eingestiegen war. Ja Arbeit gab es damals genügend, wenn sie auch manchmal sehr schlecht bezahlt wurde.

Wir mußten als Kinder auch ganz schön ran – Unkraut jäten, Kartoffeln hacken und auch im Wald arbeiten. Dorfschullehrer müßte man gewesen sein. Nahm der doch einfach seine Klasse mit in seinen Garten und ließ die Raupen vom Kohl ablesen. Einmal jagte er uns in den nahen Wald und ließ uns Pilze suchen. Die Ausbeute war ein ganzer viertel Korb voller Steinpilze.

Der Sommer ging ja auch mal zu Ende, und es wurde ungemütlicher. Erst kam mal das Abfischen. Das Wasser aus den Teichen wurde abgelassen. Der Gutsbesitzer machte ein gutes Geschäft. Von Teichwärter war keine Rede mehr. Aber für uns kam jetzt eine gute Zeit. Wir holten aus den Löchern, aus denen die Fische nicht mit abgeflossen waren, unsere Beute. Meine Mutter mußte doch mit einem Fischgeschäft in Cottbus einen mündlichen Vertrag abgeschlossen haben, denn sie fuhr ständig mit Fischen, Karpfen, Barschen und Schleien, nach Cottbus. Sie transportierte ihre Ware in einem Rucksack. Die Schleien hatten sich zur Winterpause tief in den Schlamm verkrochen. Wir holten sie aber mit Hilfe einer Harke an die Oberfläche.

Etwas bleibt mir unvergessen. Eines Tages entdeckten wir nach der Rückkehr unserer Mutter in einer Falte des Rucksackes eine kleine Schleie. Sie war ganz trocken und mit Schmutzpartikelchen bedeckt. Ich holte eine Schüssel mit Wasser und warf die Kleine hinein, und sie schwamm sofort putzmunter herum. Auch später, als die Teiche gefroren waren, holte ich unter dem Eis noch Fische heraus. Einmal erwischte mich der Förster. Er sagte aber, ich könne das ruhig tun, denn die Fische würden sowieso an Sauerstoffmangel verenden.

Der Winter kam mit aller Strenge. Es gab viel Schnee. Weihnachten rückte näher. Unsere Bescherung hielt sich in Grenzen. Die Rittergutsleute wollten doch auch ihr gutes Herz den Armen gegenüber zeigen, so wurden wir am Heiligen Abend ins Schloß bestellt. So stapften wir, Grete und ich, im tiefen Schnee den weiten Weg über den Damm zwischen den Teichen zum Schloß. Wir mußten in der großen Halle, wo die Kerzen am riesigen Weihnachtsbaum schon brannten, mit anderen Kindern, die auch eingeladen waren, warten. Und dann kam die gnädige Frau gemessenen Schrittes die lange Treppe herunter. Dienstmädchen tauchten auf mit unseren Geschenken. Wir mußten aber erst einmal Weihnachtslieder singen. Dann war die Bescherung. Jedes Kind bekam zwei Äpfel, ein paar Nüsse und drei Taschentücher. Dann konnten wir wieder bei eisiger Kälte unseren langen Weg durch den tiefen Schnee antreten.

So überlebten wir recht und schlecht in der Gemeinde Bagenz. Klein Horst wuchs auch zufriedenstellend heran. Onkel Alfred hatte aber Heiratsabsichten. Er muß doch eine Annonce aufgegeben haben. Eines Tages reiste aus dem Tschechischen eine junge jüdische Frau mit ihrer Mutter an. Sie soll vermögend gewesen sein. Leider wurde aus dieser Beziehung nichts, und der Onkel blieb bei der Ella hängen. Sie war eine bitterarme Frau mit einer noch ärmeren Vergangenheit. Wie die Liebe manchmal so manches arrangiert. Der Onkel, immer schon sehr sexuell eingestellt, war in einem richtigen Rausch. Die Hochzeit wurde gefeiert und eine Wohnung in Cottbus in der Kaiser-Friedrich-Straße genommen.

Wir in Bagenz standen vor einer Veränderung. Das Verhältnis meines Vaters zu seinem Brotgeber verschlechterte sich, mein Vater kündigte und machte sich selbständig. Er machte eine Firma für Straßen- und Tiefbau auf. Erstaunlicherweise lief das anfangs ganz gut, so daß Vater sogar einen Kollegen aus Breslau einstellte. Und ich wurde gezwungen, als Lehrling in die Firma einzutreten. Ich kann mich noch entsinnen, daß wir eine Nebenstraße in Madlow neu gepflastert haben.

Wir mußten natürlich aus dem Teichhäuschen ausziehen und bekamen in der Nähe des Bahnhofs eine primitive Unterkunft bei Frau Simmank. Wir waren ja alles gewöhnt und kamen mit den bescheidensten Verhältnissen zurecht.

Gleichzeitig tobte auch die Inflation. Lohn wurde jeden zweiten Tag ausgezahlt, und die Frauen mußten rennen, um das Notwendigste einzukaufen. Am nächsten Tag war das Geld nur die Hälfte wert. Die Schwierigkeiten, die überall entstanden, kann man nicht schildern. Es war nur ein einziges Chaos. Mein Vater hatte sich die Zukunft mit mir auch anders vorgestellt: Familienbetrieb mit Nachfolger. Doch ich hielt das Arbeiten in der prallen Sonne nicht aus. Ich war allergisch gegen die Sonneneinstrahlung. Ich wurde krank, hatte Kopfschmerzen und mußte erbrechen. Ich war nicht geeignet zum Steinsetzer. Zähneknirschend gab mich mein Vater nach einem Jahr frei, und ich konnte mir eine Lehrstelle aussuchen. Koch oder Maler standen zur Auswahl. Wie ich auf Koch kam, weiß ich heute nicht mehr. Aber Maler, das lag nahe, konnte ich doch sehr gut zeichnen.

So wurde ich Lehrling bei Malermeister Domke in Cottbus. Er war gnädig und ich brauchte nur drei Jahre zu lernen, obwohl sonst eine vierjährige Lehrzeit üblich war. Lehrjahre sind keine Herrenjahre. Das bekam auch ich zu spüren, entwickelte mich aber gut und malte im dritten Lehrjahr auch schon Schilder für den Betrieb. Ich bekam dann auch Auszeichnungen bei Wettbewerben in der Malschule.

Ich fuhr anfangs jeden Tag mit der Eisenbahn zur Arbeit. Von der Werbung angelockt, kaufte ich mir in einem Kaufhaus ein Fahrrad auf Ratenzahlung. Ich fuhr dann jeden Wochentag, auch sonnabends, mit dem Rad nach Cottbus. Ich hatte aber sehr viel Ärger mit dem Rad; die Qualität war sehr schlecht.

Meine Schwester lernte auch in Cottbus. Da sie auch sehr gut malen konnte, machte sie unter anderem Entwürfe für Teppiche und ähnliches in einer Künstlerwerkstatt. Ausgelernt war sie dann bei der Schokoladenfirma Burk und Braun beschäftigt. Sie fertigte wunderschöne Entwürfe für Verpackungen von Konfekt und Schokolade an. Als Betriebsangehörige bekam sie stark verbilligtes Konfekt, welches wir gemeinsam verspeisten.

Dann kam der Abschied von Bagenz. Am meisten trauerten wir den Pilzen nach. So viele Pilze haben wir später nie mehr gegessen. Wir zogen nach Cottbus, leider wieder in eine unwürdige Wohnung. Der Vater hatte inzwischen pleite gemacht, und so arbeiteten wir ja alle in Cottbus. Wir bezogen eine Kellerwohnung in der Dreifertstraße, furchtbar – eine feuchte, muffige Angelegenheit. Warum wir nicht endlich eine vernünftige Wohnung genommen haben, kann ich nicht begreifen. Der Vater hatte doch ein ganz schönes Einkommen. Die Steinsetzer hatten doch die höchsten Stundenlöhne. So waren wieder Freud und Leid in der schrecklichen Wohnung. Wir konnten nur die Füße der Vorübergehenden sehen, nur Froschperspektive. Die alte Zarsky starb dann auch in dieser Wohnung.

Endlich zogen wir dann in eine richtige Wohnung in der Dresdener Straße. Das will nicht heißen, daß sie nur Vorzüge hatte. Sie war unglücklicherweise an der Unterführung bzw. Brücke der Eisenbahn. Die vorbeifahrenden Züge waren nur ein paar Meter entfernt. Können menschliche Wesen auf die Dauer eine Belastung durch Lärm und Erschütterung aushalten? Ja, sie können. Wir hatten das jahrelang durchgehalten, auch, wenn wir nachts aufschreckten und die glühenden Augen der Lokomotiven im Bett auf uns zukommen sahen.

Das war auch die Zeit, wo die Nazis mit ihrem Hitler immer stärker wurden. Ich war im Reichsbanner, und der Sohn des Bäkkermeisters, bei dem wir wohnten, war bei der SA. Ich hatte ständig Angst, mal zusammengeschlagen zu werden. Ja, uns blieb nichts erspart, wir mußten immer durch.

Nun beehrte Hitler auch Cottbus mit seinem Besuch. 10.000 SA- und SS-Männer kamen mit. Wir sollten das Gewerkschaftshaus schützen. Mit ein paar Hundert Leuten vom Reichsbanner waren wir im Gebäude versammelt, mit Schlagwerkzeugen wie Eisenstangen und ähnlichem bewaffnet. Ein paar hatten auch Revolver. Doch Gott sei Dank verlief alles ruhig. Die Nazis marschierten brav am Gebäude vorbei.

Inzwischen war ich ja Geselle geworden und wurde als Maler bei Emil Schulz eingestellt. Eine saubere Firma, die die reichen Bürger von Cottbus als Kunden hatte. Ich konnte da noch viel dazulernen, denn es wurden erstklassige Arbeiten verlangt.

Schwester Grete lernte einen gewissen Erwin Kruhl kennen und heiratete ihn auch prompt. Er war leider der falsche Mann, und sie hatte viel Ärger mit ihm. Er nutzte Grete so richtig aus.

Ich selbst ging auch auf Freiersfüßen, aber das hatte mit der politischen Zeit zu tun. Ich hätte als Lediger erst einmal Arbeitsdienst ableisten müssen, so ein Jahr, und dann Wehrdienst noch einmal eineinhalb Jahre. Das war wohl der Grund für meinen Entschluß, ein Zeitungsinserat aufzugeben. Nach einigem Hin und Her lernte ich dann meine spätere Frau kennen, Charlotte Köhler. Sie war als gelernte Verkäuferin in einem Schuhgeschäft tätig. Bald holte ich sie täglich von ihrer Arbeitsstelle am Ende der Sprem ab und brachte sie nach Hause. Wir zögerten nicht lange und heirateten bald. Lotte hatte 1.000 Mark gespart, und damit richteten wir unsere kleine Wohnung in der Pücklerstraße ein. Am 23. Dezember 1933 war dann eine ganz einfache Hochzeit. Mein Vater und ein gewisser Jandow waren Trauzeugen. Anschließend gingen wir ins Hotel Ansorge zu einem kleinen Frühstück. Die richtige Feier mit allen Verwandten war dann am Sonntag. Wir hatten eine zehn Pfund schwere Gans gekauft und diese schön gebraten, aber leider den riesigen Teller mit der zerteilten Gans auf den Tisch gebracht. Gretes Mann und mein Bruder haben es tatsächlich geschafft, die Gans ganz aufzuessen, wenn sie sich auch quälen mußten.

So lief unser kleinbürgerliches Leben ab. Ich konnte mit einem Wochenlohn von etwas über 30 Mark rechnen. Mutti, meine Frau verdiente auch was dazu. Die Miete war niedrig. Sonnabends gingen wir einkaufen, nachmittags natürlich. Da leisteten wir uns einen Ring Knoblauchwurst bei Schocken, jeder eine Portion Fruchteis mit Erdbeeren und bei Bischof in der Berliner Straße ein Viertelpfund frisch gerösteten Bohnenkaffee. Wir gingen auch oft ins Kino. Die beiden Kinos machten verbilligte erste Vorstellungen für 50 Pfennig pro Person.

Lotte muß wohl den größeren Wunsch gehabt haben, ein Kind zu bekommen. Ich kann mich daran nicht erinnern. Jedenfalls wurden wir am 11. April 1938 mit einem süßen Mädchen beglückt. Da es die Mode so erforderte, nannten wir sie Christa. Sie war aber ein sehr unruhiges Kind. Vielleicht hatten wir auch die Technik nicht so weg, denn sie raubte uns in der ersten Zeit so manche Stunde Schlaf.

Nun wieder zum Beruflichen. Ich war doch ehrgeizig und wollte durchaus Malermeister werden. Das war nicht so einfach, es fehlte das Geld. Wir kratzten alles zusammen. Unter großen Schwierigkeiten konnte ich dann nach Frankfurt/Oder fahren. Die Bedingungen waren unter den Nazis sehr schwer, aber ich bestand die Prüfung am 31. März 1939.

So lebten wir unter der Naziherrschaft, und wenn wir uns ruhig verhielten, ließen sie uns auch in Ruhe. Mit den Nachrichten von BBC, dem englischen Sender, war das so eine Sache. Unser Blockwart Lehmann ging von Zeit zu Zeit kontrollieren. Wehe, wenn der Sender nicht weggestellt wurde und er es anzeigte. Da war man reif für die Gestapo. Lehmann prüfte auch das Gehäuse des Radios, ob es noch warm war. Wir hatten aber Glück.

Ich malerte tüchtig. Horst trat auch eine Stelle als Malerlehrling an. Ich verdiene in der Woche so 32 Mark; war auch manchmal im Winter ein paar Wochen arbeitslos. Lotte ging auch arbeiten, in Schuhgeschäften oder bei Schocken. So lebten wir eigentlich verhältnismäßig ruhig, wenn nicht der verfluchte Hitler gewesen wäre. Eines schönen Tages wurde ich als Verheirateter zum Wehrdienst eingezogen, als 8-Wochen-Soldat. Es ging nach Züllichau. Ich mußte all das so Entwürdigende mitmachen, in den acht Wochen noch konzentrierter. Wir wurden an der Pak 3,7 ausgebildet, einer Panzerabwehrkanone. Wenn alles gut ging, konnte ich jedes Wochenende nach Hause fahren. Einmal ging es schief. Wir wurden immer vor der Heimreise kontrolliert, Uniform, Schrank usw. Es mußte alles picobello sein. Die alten Hasen hatten uns verraten, daß sie zwei Rasierapparate hätten, einen für den Gebrauch und den neuen für die Untersuchung. Der junge Offizier schraubte den Rasierer auseinander und fand am Gewinde graue Korrosionsspuren. Das waren zwei furchtbare Tage, ich allein in der Kaserne. Die anderen waren doch weggefahren und zu Hause die liebe Frau mit all den zivilen Köstlichkeiten. Ich hätte den OvD umbringen können. Aber die acht Wochen gingen ja auch mal vorüber.

Ich kann mich noch genau erinnern, wir saßen mit den Kollegen auf einer Bank auf dem Kaiser-Wilhelm-Platz und aßen unser Mittagbrot. Wir strichen nämlich die Fenster an dem Gebäude direkt neben dem Spremberger Turm. Ungewöhnlich viele Soldaten belebten das Straßenbild, viele mit gelben Lederkoppeln, die noch nicht geschwärzt waren. Und dann beim Nachhausekommen wartete die böse Überraschung; meine Frau gab mir den Einberufungsbefehl in die Hand. Es war eine einfache Postkarte, auf der stand, daß ich mich bis abends acht Uhr auf dem Hof der Karl-Blechen-Schule einzufinden hätte und was ich alles mitzubringen hätte – Unterwäsche, Rasierzeug, Strümpfe und was man so alles bei einer unverhofften Reise braucht. Natürlich war ich pünktlich zur Stelle. Die Lkws mit den Geschützen standen bereit. Ich wurde wie alle anderen Kameraden eingekleidet und war nun Schütze Jüttner, so geschehen am 29. September 1939.

Unsere Frauen hielten sich so lange es ging bei uns auf, um Abschied zu nehmen. Doch dann mußten sie gehen. Wir schliefen die ganze Nacht nicht, früh um fünf Uhr ging die Reise los. Wir fuhren in Richtung Grenze nach Polen. Natürlich hatten wir auch eine Gulaschkanone und bekamen früh schönen heißen Kaffee und was dazu.

Wir fuhren durch die Ostprovinzen und kreuzten viele Städte. Leider habe ich daran keine Erinnerung mehr. Auch über die Namen der polnischen Ortschaften weiß ich nichts mehr. Nur eins geben meine grauen Zellen noch wieder, Schneidemühl muß doch eine Grenzstadt gewesen sein, die wir durchquerten. Wir lagerten an der Grenze, und dann kam die gewaltige Rede des wahnsinnigen Hitler, wo er den angeblichen Überfall der Polen auf den Rundfunksender Gleiwitz benutzte, um der Wehrmacht den Einmarsch nach Polen zu befehlen. In Wirklichkeit waren es SS-Leute, die den Überfall ausführten. Die Lautsprecher übermittelten mit lautem Getöse den Befehl des „Führers", und Zehntausende deutsche Soldaten überschritten die Grenze. Das schreibt sich alles so locker, aber dem 8-Wochen-Soldaten rutschte das

Herz ganz schön in die Hose. Krieg! Naher Geschützlärm. Die ersten Leiterwagen mit blutüberströmten Verwundeten fuhren nach den Feldlazaretten. Gegen Abend, wir hielten an einem Dorf, da schaufelten Männer eine riesige Grube. Es waren Polen. Dann mußten sie sich aufstellen und wurden von einem Kommando deutscher Soldaten erschossen. Es sollen Partisanen gewesen sein, die deutsche Zivilisten, Männer, Frauen und Kinder, in ihren Nachthemden in einer Jauchegrube ertränkt haben sollten. Das Abendbrot wollte gar nicht schmecken.

Wir als Panzerjäger des Regimentes 337 hatten die Aufgabe, die Nebenstraßen mit unseren kleinen Kanonen zu sichern. Wir mußten immer vornweg fahren und in Stellung gehen. Wir hatten also keine großen Aufgaben zu erfüllen, bekamen aber all das Leid und Elend, welches so ein Krieg mit sich bringt, aus nächster Nähe zu spüren. Eigentlich kann man das Entsetzliche, das einem begegnete, gar nicht schildern. Es sind doch nur dürre Worte. Die Wirklichkeit war ja viel grausamer. So kamen wir am dritten Tag des Polenfeldzugs an dem Ort vorbei, wo polnische Kavallerie deutsche Panzer mit ihren Lanzen angegriffen hatte. Entsetzlich. Eine Fläche voller Pferdeleiber, die Beine zum Himmel gestreckt aus den unförmig aufgedunsenen Bäuchen. Wir erfuhren, daß der englische Sender BBC in polnischer Sprache ausgestrahlt hatte, daß die Nazis gar nicht so eine gewaltige Rüstung und die Panzer mit Sperrholz verkleidet hätten.

Unsere Offiziere waren alle Soldaten aus dem Ersten Weltkrieg. Sie konnten es verstehen, daß wir eine Zeit der Eingewöhnung brauchten, um erkennen zu können, ob uns Artilleriebeschuß oder Infanteriekugeln gefährlich werden würden. Anfangs lagen wir alle bei jedem Knall auf dem Boden. Bald lernten wir die Geräusche kennen, die die Geschosse auf ihrer Flugbahn verursachten. Der Polenkrieg dauerte ja nicht lange. Die

Übermacht war so stark, daß aller Widerstand zerschmettert wurde. Wir naiven Krieger glaubten an eine schnelle Beendigung des Konfliktes und sahen uns schon zu Hause. Unsere weisen, alten Offiziere warnten uns vor solchen Hoffnungen und sollten auch Recht behalten. Die alten Herren wurden aus dem Dienst entlassen, und wir bekamen eine neue Garnitur Offiziere und auch einen neuen Spieß (Hauptfeldwebel).

Frankreich und England hatten uns den Krieg erklärt. Viel Feind, viel Ehr. Die deutsche Kriegsmaschine lief vorbildlich. Die vielen hunderttausend Kämpfer mit ihren Waffen, Fahrzeugen und Geräten mußten ja auch in Großdeutschland untergebracht werden. Wir waren vorübergehend in Recklinghausen stationiert, zogen dann nach Herten und später nach Hamm. Alle Einheiten hatten Feldpostnummern und der Briefwechsel mit den Angehörigen klappte ausgezeichnet.

Wir lagen in Lauerstellung. Frankreich hatte schon jahrelang die Maginot-Linie ausgebaut und wir, Deutschland, den Westwall. Die Verteidigungslinien, mit einem ungeheuren Aufwand erbaut, galten als unüberwindlich. Aber die Deutschen waren doch wieder die Schlaueren. Im Mai 1940 umgingen sie die Festungslinie und fielen auf dem Umweg über Holland und Belgien in Frankreich ein. Hunderte Bomber flogen in Richtung Westen, der Himmel war verdunkelt. Unter ihnen waren die berüchtigten Stukas, Sturzkampfflugzeuge, die beim Stürzen auf das Ziel kurz vor der Erdoberfläche hochzogen. Ihre Trefferquote war 100 Prozent . Eine furchtbare Waffe.

Die Holländer kämpften verzweifelt, konnten den Einmarsch der Nazitruppen aber nur um Stunden verzögern. Der Gentkanal in Belgien war dann eine Verteidigungslinie, die die Vergewaltigung der kleinen Staaten kurze Zeit aufhielt. Auch die Franzosen konnten die Blitzkrieger nicht aufhalten. Die ersten Kampftage nannte man ja Blitzkrieg. Unsere Truppe sicherte meist nur das Eroberte und wurde in Kampfhandlungen kaum einbezogen. Unsere Leute kamen alle aus Cottbus und Umgebung. Unser Hauptmann Mulder war ein sehr angenehmer Chef, der Schirrmeister Kanter, für den ich schon Malerarbeiten ausgeführt hatte, und Rechtsanwalt Reinefart, der mein Zugführer war, ebenfalls. Reinefart sollte übrigens sehr berühmt werden. Er wurde der erste Ritterkreuzträger und Jahre später Kommandant von Warschau. Im Zivilleben wurde er Bürgermeister von Sylt. Bei der Erringung des Ritterkreuzes habe ich mit meiner Pak auch mitgewirkt. Beim Rückzug der französischen Truppen wurde ein Artillerieregiment der Franzosen beobachtet. Reinefart nahm unser Geschütz und fuhr auf der Parallelstraße, bis er vor der Artillerie war. Wir gingen in Stellung, und unser Zugführer nahm die Franzosen gefangen. Reinefart bekam sein Ritterkreuz, wir aber nichts, weil sonst die Verleihung des höchsten Ordens gefährdet worden wäre.

Wir befanden uns kurz vor der Atlantikküste. Dünkirchen, die erste Stadt, die durch Bomber ausgelöscht wurde – eine verkohlte Geisterstadt. Da hatte Görings Luftwaffe ganze Arbeit geleistet, grauenhaft. Ich glaube, in allen Sprachen der Welt fehlen die Vokabeln, um so etwas Entsetzliches zu beschreiben. Die Zerstörung zog sich bis zum Hafen an der Küste hin, wo einige von den Stukas zerbombte größere Schiffe der Engländer lagen. Die Engländer hatten noch versucht, Soldaten und Kriegsmaterial wegzubringen. Da ja die ersten paar hundert Meter am Strand nicht schiffbar sind, hatten sie Lkws hintereinander ins Wasser gefahren. Die Soldaten hatten sie ja noch weggekriegt, aber das Material ist den Nazis in die Hände gefallen. Tausende Fahrzeuge aller Art standen zum Übernehmen bereit am Strand. Manchmal steckte der Schlüssel noch im Wagen und der Tank war voll.

Unverständlich. Die Kämpfer müssen es doch verdammt eilig gehabt haben, aus dem Inferno Dünkirchen rauszukommen. Unsere Kameraden ergriffen die Gelegenheit und fuhren mit den Vehikeln die Strandpromenade rauf und runter. So schnell konnte ein Verbot gar nicht durchgesetzt werden. Es wurden drakonische Strafen verkündet. Aber die Bilanz war erschreckend – viele Unfälle, auch Tote. Für uns war es erfreulich. Wir konnten nun die deutschen Lkws stehen lassen und mit den Bedfords weiterfahren.

Dünkirchen ist ja ein Seebad mit vielen luxuriösen Villen. Wir waren es mittlerweile gewöhnt, uns so allerhand Sammlerstücke mitzunehmen. Also rein in die schmucken Häuser. O weh, unsere englischen Freunde hatten ganze Arbeit geleistet. Da waren die geheimen Wandtresore aufgebrochen und die Ölgemälde aus den Rahmen geschnitten. Saubere Arbeit. Soldateska ist international.

Wir blieben einige Wochen am Ort. Weil die Heeresleitung einen nochmaligen Angriff der Engländer befürchtete, sicherten wir den Strand mit unseren kleinen Kanonen. Die Tage in Dünkirchen waren eigentlich schön. Ich malte mehrmals den brennenden Ort. Eins von diesen Gemälden bekam Leutnant Reinefart und ein kleineres der Schwiegersohn von Duce Mussolini, Ciano, der unsere Division besuchte. Ich war einer der Maler im Regiment, die an Wettbewerben teilnahmen, und hatte auch schon einen zweiten Preis bekommen.

Manches wird dem Leser dieser Zeilen seltsam vorkommen. Ich berichte aber nur über Tatsachen, was ich selbst erlebt habe. Ich freue mich, daß ich ein so gut funktionierendes Langzeitgedächtnis habe. Ich kann mir heute noch den Strand, die wunderschönen Häuser und Cafés und das Meer vorstellen.

Die Engländer kamen nicht mehr. Aber ich will noch über ein

sehr unangenehmes Ereignis berichten. Unsere Geschützbesatzung hatte dienstfrei, und Peter Messerschmitt, ein österreichischer Kamerad, und ich hatten ein Boot mit zwei Rudern am Strand entdeckt. Wir ruderten los – seewärts. Da war nämlich in ein paar Hundert Metern Entfernung ein Schiffswrack, das uns reizte, es zu besichtigen. Wir fanden aber keine Möglichkeit, es zu besteigen. So also retour. Doch das war nicht möglich, die Strömung ging seewärts. Wie wir uns auch bemühten, wir wechselten dauernd die Ruderer, wir kamen nur meterweise dem Strand wieder näher. Eine verteufelte Situation. Wir kämpften wie die Irren, unsere Körper glühten in der Sonnenbestrahlung. Wir verzweifelten. Endlich, nach Stunden näherte sich ein Motorboot mit deutschen Soldaten. Wir wurden festgenommen in der Annahme, wir wären englische Spione. Wir wurden in ein Wachlokal geschleppt und dank unserer Erkennungsmarken, die wir um den Hals trugen, konnte man unseren Zugführer heranholen. Der war natürlich nicht sehr glücklich, aber hart im Nehmen. Die Strafpredigt verlief glimpflich. Wir wurden nicht bestraft, aber Leutnant Reinefart befahl jetzt, den Dienst am Geschütz nur noch in Uniform auszuüben.

Es waren eigentlich herrliche Tage in Dünkirchen. Die Verpflegung war reichlich. Ich habe ja schon unsere Sammlertätigkeit angedeutet. Wir waren da ganz ernst belehrt worden. Das Mitnehmen von Sachen, wie Lebensmittel und Wäsche, war nur erlaubt, wenn die Not am größten war. So durfte Wäsche nur dann genommen werden, wenn die eigene zu dreckig war, Dekken nur gegen die Kälte. Wer konnte das aber kontrollieren? Wir hatten unseren Lkw vollgeladen, in Holland schon mit einem halben Zentnerkorb voller Eier, einem Sack Bohnenkaffee, einer Menge Sekt aus einem Schloßkeller, ein paar schwarzen französischen Schinken und vielen anderen Kleinigkeiten. Allerdings währte die Freude nicht lange. Es hieß absitzen, antreten, und die Küche konnte sich alles zu ihren Vorräten tun. Wir hatten Gott sei Dank eine kleine Reserve Bohnenkaffee versteckt.

Und da sieht man wieder die Ungerechtigkeit. Wir Muschkoten durften jede Woche nur ein Feldpostpäckchen von 100 Gramm nach Hause schicken und die Offiziere ganze Kisten. Ich weiß das, weil ich die Adressen daraufmalen mußte.

Die schönen Tage der Sommerfrische gingen zu Ende. Wir wurden Besatzungsmacht. Es ging nach Lanoi, einem kleinen Städtchen bei Lille. Da wurde wieder exerziert, und ich bekam meine Mühe mit dem Hauptfeldwebel, der mich überhaupt nicht leiden konnte. Einmal hatte ich ein wunderbares Verhältnis zu unserem Hauptmann; ich war der Schirrmeisterei zugeordnet, und Leutnant Reinefart meinte es auch gut mit mir. Eigentlich hätte der Spieß auch zufrieden sein können, da ich sämtliche Fahrzeuge in Ordnung hielt. Ich spritzte, malte die taktischen Zeichen und Beschriftungen. Wir erhielten mehrmals Auszeichnungen als beste Kompanie im Regiment. Wenn es die Querelen mit dem Spieß nicht gegeben hätte, wäre es in Lanoi sehr schön gewesen. Zwei Kunstexperten, höhere Tiere, und ich armseliger Maler bildeten ein Komitee für kulturelle Zwecke. Ich malte ein riesiges Hitlerbild. Wir hielten Veranstaltungen ab, die von der Heeresführung verlangt wurden. So mußten wir oft nach Lille fahren, um dort einzukaufen. Da setzte der Hauptfeldwebel mich extra zur Wache ein, damit ich nicht mit konnte. Eine Beschwerde beim Hauptmann war erfolglos. Die Wacheinteilung war Domäne des Spießes. Einmal ist er aber abgeblitzt. Wir saßen fröhlich zusammen. Die Kameraden der Schirrmeisterei, der Hauptmann und ich hatten schon ganz schön über den Durst getrunken. In der Kneipe saßen auch französische Frauen, die schon um zwölf Uhr Rotz und Wasser geflennt hatten, als Lilli Marlen gesungen hatte. Die sang jeden Tag zum Programmschluß der deutschen Radiosender „Unter der Laterne". Da kam der Spieß als UvD mit Stahlhelm und böser Laune. Aber siehe da, obwohl schon um zehn Uhr Zapfenstreich war, behielt diesmal der Hauptmann die Oberhand und schickte den zähneknirschenden Spieß nach Hause.

Wir lebten ganz gut in Lanoi. Ich hatte Gelegenheit, die Opern „Martha" und „Die Meistersinger" im Opernhaus zu Lille zu sehen. Ein Teil der Kompanie fuhr auch nach Paris. Dort logierten wir drei Tage in einem Hotel. Die Sehenswürdigkeiten der berühmten Stadt und auch Versailles wurden uns gezeigt. Nur auf dem Eiffelturm waren wir nicht. Dafür waren wir im Folies-Bergère. Da konnten wir die zu 90 Prozent nackten Frauen ansehen. Ich weiß nicht, wer das alles bezahlt hat. Vielleicht war es auch so eine Art KdF, Kraft durch Freude.

Mit Schirrmeister Kanter hatte sich ein wunderbares Verhältnis entwickelt. Er profitierte ja auch von meiner guten Arbeit an den Fahrzeugen. Vielleicht aus Dank wollte er mir unbedingt einen Wehrmachtsführerschein vermachen. Um es vorwegzunehmen, trotz meiner fleißigen Fahrschulen, einmal in Frankreich und zweimal in Rußland, klappte es nicht. Wenn die Prüfungen anstanden, wurden wir immer an einen anderen Standort verlegt.

Inzwischen hatte ich auch von Horst, meinem jüngeren Bruder, Nachricht bekommen. Er hatte es bei der Wehrmacht bis zum Leutnant geschafft und wurde sogar Kompanieführer bei der Wlassow-Truppe. Das waren russische Deserteure, die auf deutscher Seite kämpften.

Es gäbe ja noch sehr viel über die Zeit in Frankreich und auch Belgien, wo wir auch monatelang stationiert waren, zu erzählen. Aber das würde zu weit führen. Die Lage auf dem Wege zum Weltkrieg spitzte sich zu, obwohl sich Deutschland und Rußland noch neutral gegenüberstanden. Sie hatten sich ja im Einvernehmen gewaltige Stücke aus der polnischen Landschaft herausgeschnitten. Der unersättliche Führer überfiel nun auch die Sowjetunion. Da waren natürlich unsere Tage als Besatzung gezählt. Wir wurden in Schnellkursen für unseren Einsatz im kalten Osten geschult. Selbstanfertigung von warmen Stiefeln aus Teppichresten und Heu sowie die Behandlung der Waffen gehörten dazu. Die mußten ja völlig entfettet und entölt sein, weil sie sonst bei den tiefen Minusgraden unbeweglich und damit unbrauchbar gewesen wären. Leider nahm das ein Großteil der Soldaten nicht ernst, was sich bitter rächte.

Im Laufe der Schulung wurden wir auf den Umgang mit der russischen Bevölkerung vorbereitet. Dann wurden wir mit Sack und Pack auf einen Güterzug verladen, und los ging es Richtung Osten. So eine Fahrt ist auch nicht angenehm, aber sie war nur ein Vorgeschmack dessen, was uns in der Sowjetunion erwartete. Wir fuhren einige Tage, und es wurde immer kälter, vom lauwarmen Frankreich ins schnee- und eisstarre Rußland. Beim Abladen hatten wir so ca. 30 Grad minus. Jetzt zeigte es sich schon, wer von den Kameraden praktisch und realistisch war und das bei der Schulung Gebotene beherzigt hatte. Zu allem Überfluß hatten sich einige Unteroffiziere noch die Haare kurz schneiden lassen. So gab es gleich zu Beginn der Fahrt an die Front Ausfälle wegen Erfrierungen an Händen und Füßen sowie wegen Kopfgrippe. Die schicken Stiefelchen waren gar nicht geeignet für die grausame russische Kälte. Unsere Kraftfahrer bemühten sich, durch den tiefen Schnee ihre Fahrzeuge vorwärtszubringen. Die Kräder waren sowieso verladen. Bald standen an den Straßenseiten liegengebliebene Lkws mit den Feldpostnummern und der Bitte „Nicht ausschlachten!". Leider fehlten meist schon der Motor und die Räder. Wir kämpften uns so mit Abschleppen und Freischaufeln und Unterlegen von Reisig einige Tage bis an unser vorläufiges Ziel. Probleme machten uns die Übernachtungen, denn das Schlafen auf den Öfen in den Holzhäusern war unmöglich. Die Wanzen und Flöhe stürzten sich auf uns. Vielleicht war das mal eine andere Blutgruppe. Mein Schlafsack, den ich mir aus Decken genäht hatte, hat mir gute Dienste geleistet. Ich legte mich damit in den Vorflur und schlief wunderbar. Da gab es aber noch ein Problem: die Verrichtung der Notdurft im Freien bei 30 Grad minus. Ich weiß nicht, wie wir das alles fertiggekriegt haben. Es muß doch irgendwie möglich gewesen sein. Die russische Landbevölkerung hatte da eine besondere Technik. Wir sahen immer vor den Haustüren solche blutroten Türmchen stehen. Die Lösung war einfach: Alt und jung gingen, wenn es nötig wurde, vor die Tür, entleerten sich an derselben Stelle; und der Frost und der Speiseplan, jeden Tag rote Rüben, zauberten diese Gebilde.

Unterwegs, wenn wir uns zusammen mit eingewöhnten Kameraden in Häusern aufwärmten, beobachteten wir rhythmische Bewegungen der Soldaten. Nach ungefähr drei Wochen machten wir dieselben. Da hatten sich nämlich die Eier der weiblichen Läuse entwickelt, und wir bewegten uns, um für Sekunden Ruhe vor den Quälgeistern zu finden. Die Biester steckten in den Wehrmachtsnetzhemden. Und wenn wir mal Gelegenheit hatten, holten wir sie aus dem Gewebe heraus und knackten sie auf einem Stück Papier. Nachher zählten wir die Ausbeute.

T-34 und T-35 waren die gängigsten russischen Panzer. Eines Tages kamen wir dann auch an unserem vorläufigen Bereitstellungsort an. Jetzt wartete auf den Gefreiten Jüttner natürlich wieder eine umfangreiche Aufgabe, die Tarnung. Wir mußten im Schnee unauffälliger werden. Dafür hatten wir vorsorglich genügend Kreide mitgenommen. Jüttner mußte die Geschütze erst einmal weiß anpinseln. Trotz der niedrigen Temperaturen war das kein Problem. Ich brauchte natürlich ein paar Helfer, auch eine

Feuerstelle, denn die Kreidebrühe mußte immer heiß sein, sonst wäre sie schon im Eimer gefroren. Bindemittel waren nicht nötig, denn kam die weiße Farbe auf die tiefgefrorenen Geschütze, ergab das einen festen Anstrich. Der anhaltende tiefe Frost, Spitze war eine Nacht mit 42 Grad minus, stellte unsere Schirrmeisterei vor unlösbare Probleme. Die Wachposten sollten eigentlich mit den Kurbeln die Motoren gängig halten, aber früh war immer alles festgefroren. Dann wurden Schüsseln mit Benzin entzündet, aber das war sehr gefährlich.

Die Landser sorgten dafür, daß so manches Holzhaus abbrannte, weil sie die Heiztechnik nicht verstanden. Die Kamine waren aus Holz und Lehm gebaut und durften nur mäßig und langsam beheizt werden. Unsere Leute knallten aber dicke Holzstücken rein, und das Haus brannte ab. Das waren Erfahrungen, die meist zu spät gemacht wurden. Wir versuchten, mit den Bewohnern ins Gespräch zu kommen. Das gelang aber nur mit den Kindern, die teilweise sehr gut Deutsch gelernt hatten. Die Fronten hatten sich verhärtet. Hitler war in den Unbilden des Jahrhundertwinters steckengeblieben. Die Artillerie und die Spähtrupps waren beherrschend.

Ich hatte ja als Brillenträger ein großes Handikap. Bei den eisigen Temperaturen mußte man sein Gesicht vor Frosteinflüssen schützen. Da half nur ein dicker Schal. Meine Brillengläser liefen an und froren zu. Ja, so ein superkalter Winter kann einem schon ganz schön zu schaffen machen. Unter unsäglichen Mühen bauten wir uns Bunker. Die obere Schicht des Bodens mußte mit Feuer aufgetaut werden. Viele fleißige Hände schafften auch dieses. Die Russen griffen jetzt immer wieder an. Sie hatten ja vorerst noch Menschenmaterial. Die Kommissare trieben die Angriffswellen immer wieder nach vorn, immer wieder in die Feuerstöße unserer Maschinengewehre. Wir sahen, daß manchmal nur jeder Dritte bewaffnet war. Immer wieder das Gemetzel. Über uns schossen die Russen mit Schrapnellen, das sind Geschosse, die in der Luft explodieren. Und dann erwischte es mich. Ich bekam einen Schlag in den Rücken, mir wurde weiß vor den Augen und übel. Kameraden schleppten mich zum Sanitätsbunker, in dem schon das ganze Elend lag. Schwerstverwundete, auch Bauchschüsse und Verstümmelte warteten auf den Transport ins Feldlazarett. Sie wurden immer, je nach Schwere der Verwundung, nach und nach mit Spezialpanzern abgefahren. Ich mußte einen Tag und eine Nacht auf meinen Abtransport warten.

Hin und wieder erbebte der Bunker, wenn eine Granate in unmittelbarer Nähe einschlug. Ein Volltreffer hätte für uns das Aus bedeutet.

Ich wurde zum Feldlazarett gefahren. Die Kameraden mit ihren schweren Verwundungen lagen wachsbleich in einem Raum. Der junge Arzt aus Frankfurt/Oder, der zu jedem Karlchen sagte, operierte mich ohne irgendeine Betäubung. Er hatte ja lediglich vorne aus dem Bauch den Granatsplitter rauszuschneiden. Der Einschuß war auf dem Rücken, und das Geschoß ist mit Effet an den Rippen entlang und vorn steckengeblieben. Der Arzt nahm an, daß Organe beschädigt wurden, aber meine Farbe und der Umstand, daß ich im Bunker eine ganze Blechdose Urin gelassen hatte, änderten seine Diagnose. Ich bekam gleich eine große Tasse Kaffee und eine dicke Schmalzstulle, während die gelbgesichtigen armen Kameraden nur mit einem Tupfer die Lippen angefeuchtet bekamen.

Ich blieb nicht lange. Mit dem nächsten Güterzug wurde ich Richtung Heimat transportiert. Über die Schmerzen während der tagelangen Fahrt möchte ich nicht berichten, das kann sowieso niemand nachvollziehen. Auch die Angst vor einem Partisanenangriff kann man nicht schildern. Wir Verwundeten bekamen

Waffen, und vor der Lokomotive fuhr ein leerer Güterwagen, aber das hatte andere Züge vor einer Kabelsprengung auch nicht retten können. Ich hatte wieder einmal Glück, es passierte nichts. Wir landeten in Graz in der Steiermark. Hier sollte einige Wochen mein Aufenthaltsort sein. Ich wurde gleich gebadet und kam in ein Zimmer mit zwölf Kameraden. Unsere Krankenschwester war in Ordnung, und mit dem behandelnden Arzt hatte ich schnell ein gutes Verhältnis.

Graz ist mir in guter Erinnerung geblieben. Es waren schöne Tage. Ich erholte mich eigentlich verhältnismäßig schnell von meiner schweren Verwundung. Die Mutti, meine Frau, besuchte mich sogar mit der kleinen Christa. Die Reise war ja sehr anstrengend, aber, da Mutter-und-Kind-Abteile eingerichtet waren, erträglich. Dank des Stationsarztes bekam ich die Genehmigung, woher weiß ich nicht, stundenweise auf die Kunstgewerbeschule zu gehen. Ich lernte ein wenig unter Leitung von Professor Silberbauer hinzu. Ich hatte Ausgang bis zwölf Uhr. Da guckten die Mitpatienten ganz schön sauer. Mit einem jungen Grazer Schauspieler, der auch Patient war, trank ich öfter in einem Café in der Herrengasse, der Flaniermeile, ein Viertel Rotwein.

Ein grausames Erlebnis trübte die Stimmung. Wenn wir zur Straßenbahn gingen, mußten wir an Gebäuden vorbei, die hohe Zäune hatten. Da waren immer viele Menschen in den Anlagen. Eines Tages war alles leer und totenstill. Jetzt erfuhren wir, daß das eine Irrenanstalt gewesen war und die Insassen alle umgebracht wurden. Ein schreckliches Kapitel der Naziherrschaft. Ich wunderte mich, daß ich so lange in Graz bleiben durfte, aber ich hatte wohl immer Eiweißspuren im Urin. Die schönen Tage und Wochen gingen vorüber, und der Ernst des Krieges rückte wieder näher. Heimaturlaub – auch noch schöne Tage mit Frau und Töchterchen.

Und dann ging es zum Ersatztruppenteil nach Spandau. Da war es dann nicht so schön. Da mußten wir jeden Früh um vier Uhr mit der U-Bahn nach Berlin reinfahren, um Bombenschäden zu beseitigen. Die britischen und amerikanischen Bombergeschwader kamen regelmäßig jede Nacht und warfen ihre todbringende Last auf die Zivilbevölkerung, denn Militäreinrichtungen wurden kaum bombardiert. So wurden wir jeden Morgen in die neu zerstörten Stadtviertel geschickt. Es mußten noch schwelende Brandbomben mit Sand abgedichtet werden, denn löschen konnte man diese nicht. Vor allem mußten wir aufräumen. Die Straßen mußten einigermaßen passierbar gemacht und Ausgänge von Schutzräumen in den Kellern frei gemacht werden. Oft waren die Keller Todesfallen, in denen die Schutzsuchenden erstickten oder ertranken, wenn die Versorgungsleitungen zerstört wurden. Jeden Tag dasselbe Grauen. Diese Art Tätigkeit jeden Tag zerrte ganz schön an unseren Nerven.

Dann kam der Tag, an dem ich wieder an die Front geschickt werden sollte. Ich muß wohl wenig soldatische Qualitäten gehabt haben, denn ich hatte nicht die geringste Lust, noch mal in diesen Wahnsinn geschickt zu werden. So faßte ich einen Entschluß. Wir waren in einem Sammellager an der Grenze, es war schon sehr kalt. Es gab die ersten Nachtfröste. Ich hatte in einiger Entfernung zu unserem Feldlager einen Teich gesehen, kurz entschlossen schlich ich mich aus unserem Zelt und auf den Teich zu. Dort ging ich bis zur Brust ins Wasser und dann wieder auf mein Feldbett im Zelt. Ich fror entsetzlich und mußte nun aushalten, bis ich früh, wie jeder andere, ein Fieberthermometer bekam. Es zeigte 36,8° C. Ich war tief enttäuscht, hatte ich doch mit erhöhter Temperatur gerechnet.

Ich mußte mit dem nächsten Transport an die Front und zu meiner alten Kompanie. Sie war natürlich nicht mehr in der Gegend von Briansk, sondern vom Russen bis zum Dnjepr zurückgedrängt. Da einige meiner Kameraden gefallen waren, wurde ich als Geschützführer eingesetzt. Wir hatten alle Frust, und ich hatte allen Ernstes mit dem Gedanken gespielt, mir selbst eine Schußverletzung beizubringen. Ich hatte gehört, daß man zwischen die Mündung des Gewehres und den Körper ein Kommißbrot halten müsse, um Schmauchspuren zu verhindern. Ich quälte mich tagelang mit diesem Gedanken, bis ich zur Vernunft kam und den Plan aufgab. Zu viele Kameraden waren schon wegen Selbstverstümmelung vors Kriegsgericht gekommen.

Wir wichen vor den Russen immer wieder zurück. Eines Abends zogen wir uns auf eine Anhöhe zurück. Vor uns befand sich ein Tal, in dem die Russen lagen. Wir hatten Befehl, die Munition der Geschütze zu verfeuern und die Verschlüsse, das Wichtigste am Geschütz, für die Sprengung vorzubereiten. Wir hatten nämlich keine Chance mehr, mit unseren Paks weiterzukommen. Die Nacht verlief ruhig, aber im Morgengrauen kam der Feind. Wir sprengten das Geschütz. Unsere Infanterie schoß noch mit Gewehren, und wir liefen los, leider den Abhang hinauf. Ich lief wie ein Hase mal linke und dann wieder rechte Haken. Die Explosionsgeschosse knallten auf den Rasen. Und da war es passiert, ein Geschoß muß den Schaft meines Gewehres getroffen haben, der meine rechte Hand aufriß. Der Daumen baumelte, das Blut lief. Hinter dem Hang standen der Bataillonskommandeur und sein Adjutant mit gezückten Pistolen, um flüchtende Soldaten wieder zurückzutreiben. Als sie meine Hand sahen, winkten sie mich durch. Ich mußte noch bis ins Dorf rennen, um mich in der Sanitätsstation versorgen zu lassen. Der Sanitäter umwickelte meine Hand mit Binden, und ich konnte auf einem Panjewagen Platz nehmen, der uns ins 20 Kilometer entfernte Feldlazarett bringen sollte. Wir fuhren aus dem Ort hinaus, da wollte unser Pferdchen nicht mehr. Der Kutscher versuchte alles mögliche. Natürlich wurde das arme Tier gedroschen, aber es war nichts zu machen. Es ist ja kein Wunder, meinte der Kutscher, das Tier ist ja erst am Morgen von einer langen Fahrt gekommen und nicht gefüttert und getränkt worden. Da war guter Rat teuer. Wir Verwundeten mußten unbedingt ins Feldlazarett, ich ganz vordringlich. Mein Verband war durchgeblutet, und der Lebenssaft tropfte unaufhörlich weiter. Ich band meinen Arm ganz fest ab, daß das Tropfen aufhörte, und mußte nun aller zwei Stunden die Kompression lockern, wie ich es in einem Lehrgang in Spandau gelernt hatte. Was sich aber jetzt abspielte, ist nur einem Zusammentreffen guter Fügungen zuzuschreiben. Einmal, daß ich verzweifelt um mein Leben kämpfte und daß der Soldatenkutscher mitmachte. Da kam nämlich noch ein Panjewagen mit vier Schwerverwundeten. Blitzschnell ein Gedanke, unser Pferd ausspannen, mich daraufwälzen, unseren Wagen an den anderen hängen und mich reinfallen lassen. Die Insassen schrien, als ich hereinplumpste. Aber das Unwahrscheinliche gelang. Das Pferdchen war in Ordnung, und wir kamen im Dunkeln im Feldlazarett an. Der Kutscher hatte mein Leben gerettet. Ich hatte Glück, daß ich einen Menschen traf, der nicht stur war in einer Zeit, wo ein Menschenleben überhaupt keinen Wert mehr besaß.

Wir kamen im Feldlazarett gleich dran. Es müssen genügend Ärzte da gewesen sein, meine Hand wurde zusammengeflickt, vor allem die Ader genäht, die für den Blutverlust zuständig war. Der Blutverlust muß ziemlich hoch gewesen sein, denn nach der großen Tasse Kaffee und der Stulle fühlte ich mich gestärkt und wollte den Sanka, den Sanitätskraftwagen, allein erreichen, brach aber im Hof zusammen. Wir Leichtverwundeten wurden in das Auto gesetzt und duselten die ganze Nacht so vor uns hin. Der Motor wurde angelassen und wieder ausgemacht. Wir hatten den

Eindruck, eine Strecke gefahren zu sein, doch als es hell wurde, befanden wir uns immer noch am Dorfausgang. Das Rätsel war schnell gelöst. Wir waren bis zur Rollbahn gefahren. Die Rollbahn war die Verbindung zwischen den Orten. Auf ihr fuhren alle schweren Fahrzeuge, auch Panzer. Durch die feuchte Witterung im Herbst war alles aufgewühlt. Teilweise waren die Furchen bis zu einem halben Meter tief. Und nachts hatte es strengen Frost gegeben, so daß alles erstarrt war und ein Befahren mit Fahrzeugen unmöglich wurde. Also raus aus dem Wagen und zu Fuß Richtung Westen.

Wir zwei, ein Unteroffizier mit einem Hodendurchschuß, der sich aber einigermaßen fortbewegen konnte, und ich, fanden uns zusammen auf dem gemeinsamen Weg. Am Rande des Dorfes stand eine kleine Kirche. Wir blickten hinein. Sie war eine Aufnahmestätte für Schwerverwundete und sterbende Soldaten. Das Schicksal der Verzweifelten war vorgezeichnet. Hatte es die deutsche Wehrmacht nicht geschafft, die Verwundeten zu versorgen, was ist dann nur aus den hilflosen Kreaturen der Sowjetarmee geworden?

Es war der äußerst verzweifelte Beginn einer Odyssee, die uns durch einen Teil Rußlands führen sollte. Wir gaben die Hoffnung nicht auf. Wir mußten versuchen, von irgendwo nach Deutschland zu kommen. Wir wanderten westwärts. Abends krochen wir bei Einheiten unter, die alles zusammenpackten, um vor den Russen fliehen zu können. Die Schlacht um Stalingrad war gescheitert und Zehntausende deutscher Soldaten gefangengenommen worden.

Die Front war zusammengebrochen und wir in dem Hexenkessel unterwegs. Mal nahmen uns Volksdeutsche trotz ihrer wahnsinnigen Angst vor den Partisanen auf. Ein Feldflugplatz war unsere Hoffnung. Aber Hunderte Flüchtlinge drängten sich da. Es wurden nur Schwerverwundete ausgeflogen. Ich weiß nicht, wie viele Orte wir kreuzten und wie lange unser Marsch dauerte, bis wir doch endlich in einer rumänischen Grenzstadt ankamen. Hier befand sich auch ein in ein Lazarett umgewandeltes früheres Krankenhaus. Ach, fühlten wir uns da wohl. Ich verhinderte, daß man mir meinen Daumen wegoperierte. Die Ärzte hatten wohl auch keine Zeit mehr, denn die russischen Panzer standen schon in der Vorstadt. Es sollte noch ein Lazarettzug für Liegende fahren.

Ich weiß auch nicht, wie ich mich in den Kriegsjahren gewandelt habe. Ich war doch früher so schüchtern, und jetzt kämpfte ich mit allen Mitteln ums Überleben. Es gehörte aber auch ein Quentchen Glück dazu. Ohne das bißchen Glück hätte ich die schrecklichen Erlebnisse nicht überstanden und würde nicht hier sitzen und diese Zeilen schreiben. Ausgerechnet der Sanitäter betreute mich, der abends um acht Uhr einen Wagen des Lazarettzuges in Obhut nahm. Hatte er Mitleid mit mir? Freute er sich über die 25er Packung Reemtsma-Zigaretten, die ich ihm gab? Oder brauchte er eine Hilfe für die Arbeit mit seinen Patienten? Die Zigaretten hatte ich mit Marketenderware bekommen. Jedenfalls fuhren wir abends mit einiger Verspätung aus dem Bahnhof. Wir, der Sanitäter und ich, konnten es uns nur auf dem Boden mit einigen Decken bequem machen. Ob der Sani mit mir die richtige Wahl getroffen hatte, wage ich nicht zu entscheiden. Ich war doch nur einhändig und konnte nur notdürftig Trinken und Verpflegung an die Betten bringen.

Der Zug fuhr sanft gefedert über die Tschechoslowakei, und am vierten Tag landeten wir in Linz. Da hatte ich auch wieder Glück. Der junge Assistenzarzt wollte mir auch gleich meinen Daumen abnehmen, denn die Hand war nur noch ein unförmig aufgeschwemmtes Gebilde. Der ältere Herr, der Chefarzt, sagte aber seinem Kollegen: „Wollen wir uns die Sache noch mal in 14 Tagen ansehen." Er hatte recht. Mit Hilfe von Wasserstoffsuperoxid-Spülungen sah die Hand ganz manierlich aus. Ich mußte mich natürlich auf die Linkshändigkeit umstellen. Der Mensch ist aber ein Gewohnheitstier, und so ging das auch einigermaßen.

Ich erlebte Linz einige Wochen und wurde dann für eine ambulante Behandlung nach Cottbus verlegt. Das Cottbuser Thiem-Krankenhaus war zum größten Teil als Lazarett eingerichtet. So mußte ich mich aller paar Tage dort einfinden und wurde behandelt und neu verbunden.

Inzwischen war ja unsere Familie größer geworden. Lotte hatte in den Kriegsjahren das zweite Mädchen geboren, die kleine Ingrid, am 5. Oktober 1943. Ich hatte dieses Ereignis nur durch die Feldpost zur Kenntnis bekommen. Nun, da sich durch langes Eitern meiner Wunde die Genesung hinzog, konnte ich meine Familie genießen. Leider gingen diese schönen Tage auch mal vorüber. Ich mußte wieder nach Spandau-West. Dort hatte ich noch ein paar Wochen Ruhe, und dann wurde ich nach Alt-Höfchen zu einer Pioniereinheit geschickt, obwohl ich GVH geschrieben war, Garnisonsverwendung Heimat.

Da ich inzwischen Stabsgefreiter geworden war, mußte ich einen ganzen Zug kommandieren. Die Pioniereinheit bestand aus Feldwebeln, Unteroffizieren und Oberfeldwebeln, die als Offiziere ausgebildet wurden. Mein Zug und ich markierten den Feind bei den Gefechtsübungen. Wir mußten mit Knallkörpern Geschützfeuer und ähnliches darstellen. Ich mußte auch Unterricht an Waffen geben, was mir schwerfiel, es lag mir nicht so.

Die Front rückte immer näher, und eines Tages wurden wir am Rande von Alt-Höfchen zur Verstärkung der Infanterie eingesetzt. Die Einwohner waren evakuiert worden, und wir machten uns aus Bettlaken Schneeanzüge und taten uns an den eingeweckten Vorräten gütlich. Und dann war der Russe plötzlich da. Wir ließen uns auf keine Gegenwehr ein, sondern machten uns fort. Gott sei Dank war diesmal niemand da, der uns aufhalten konnte. Die Verantwortlichen waren schon vorher getürmt. Ich konnte natürlich die Straßen und Gehwege nicht mehr nutzen, um aus dem Ort herauszukommen. Die Russen mußten schon eingedrungen sein, es wurde heftig geschossen. Die Dunkelheit breitete sich langsam aus, und es brannte bereits an einigen Stellen.

Ich hastete am Rande eines Teiches entlang, um auf die Chaussee nach Frankfurt zu kommen, und kam auch bei unseren Baracken heraus. Die brannten auch schon. Und da half der Rettungsengel wieder. Um die Kurve fuhr ein Flakgeschütz, Fliegerabwehr. Ich rannte heran, sprang hinten rauf und klammerte mich an irgendwelchen Eisenteilen fest. Wir wurden beschossen. Ich hörte die Geschosse am Eisen abprallen. Ich hing an der Flak. Diese fuhr jetzt so schnell sie konnte, um aus der Gefahrenzone herauszukommen. Im nächsten Ort hielten die Kameraden, und ich konnte mich vorn mit hinsetzen. Es klingt alles unglaublich, ist aber tatsächlich so passiert. Ich hatte meinen Kopf und meinen Körper bis aufs Letzte eingesetzt und hatte wieder einmal Glück gehabt. Gibt es doch Schutzengel? Ich fuhr dann eine Zeit lang auf der Flak mit. Alles flüchtete. Die Soldaten waren demoralisiert. Alles war in voller Auflösung. Die Russen nutzten das aus, sie stießen schnell vor und brachten uns schwere Verluste bei.

So kam ich in den letzten Ort vor Frankfurt. Den Namen habe ich vergessen, Seedorf oder so ähnlich. Hier versuchten Fanatiker, den Russen Widerstand zu leisten, und die Feldgendarmerie war voll am Werk. Bei uns hießen sie Kettenhunde. Hier konnte keiner weiter, es war alles abgesperrt. Rechts und links die Russen und geradeaus die Straße nach Frankfurt/Oder. Die wurde nur noch von Kraftfahrzeugen befahren und hundertprozentig von den Kettenhunden kontrolliert.

Inzwischen waren wir eine Gruppe von drei Mann der alten Kompanie, ein Unteroffizier, ein Oberschütze und ich. Wir grübelten, wie wir hier aus diesem Hexenkessel herauskommen könnten. Laufend wurden die Landser von den Offizieren gezwungen, an die Frontlinie zu gehen, um gegen die Russen zu kämpfen. Wir sahen auch, wie sie von Sanitätern blutüberströmt rausgeschleppt wurden. Wir suchten verzweifelt nach einer Möglichkeit, diesem Schicksal zu entgehen. Ich schäme mich beinahe, die nächsten Zeilen zu berichten, weil alles so unwahrscheinlich erscheint. Gibt es Menschen wie den Kraftfahrer, der kaltblütig in Kauf nahm, ein paar Hundert Meter weiter erschossen zu werden? Er hatte den Auftrag, in Frankfurt Benzin zu holen. Die Kanister standen auf dem Boden des Lkws, und wir legten uns dazwischen. Unsere Anspannung war nicht zu überbieten. Unser guter Fahrer fuhr los bis an die Kontrolle. Der Chef der Feldgendarmen ließ es sich nicht nehmen, unseren Wagen selbst zu untersuchen. Er stieg auf die Radnabe und sah doch nur leere Kanister. Der Wagen rollte weiter, und wir brauchten lange, um uns zu fassen und zu begreifen, daß wir dem tödlichen Schicksal entgangen waren. Bald waren wir in Frankfurt. Überall sahen wir die feuerroten Zettel, eine Bekanntmachung, daß derjenige erschossen würde, der einem Deserteur Unterkunft gewährte oder andere Hilfe leistete. Die Gefahr war nicht vorbei.

Wir trennten uns. Der Unteroffizier ging seinen Weg und der andere Kamerad und ich den unseren. Wir verabredeten, uns am nächsten Morgen an einer bestimmten Stelle der Autobahn nach Berlin wieder zu treffen. Wir wollten nicht lange auf den Straßen herumlaufen, denn die Häscher waren überall unterwegs. Wir gingen kurz entschlossen in einer Nebenstraße in ein Haus. Wieder klingt es wie ein Märchen. Wir klingelten an einer Tür und eine ältere Frau öffnete. Wie wir es schafften, die Frau zu überreden, uns über Nacht aufzunehmen, ist mir heute schleierhaft. Sie hatte auch einen Sohn im Krieg, vielleicht war das ausschlaggebend. Vielleicht war sie sich der Gefahr auch nicht bewußt, denn am nächsten Morgen erfuhren wir, daß im Hause ein höherer Nazi wohnte.

Die Frau nahm uns auf und bemutterte uns. War das eine Wohltat, sich nach vielen Tagen mal wieder warm waschen zu können und in einem Bett zu schlafen! Wir wurden auch mit gutem Essen versorgt und gingen zeitig schlafen. Am Morgen fragte uns unsere Gastgeberin, ob wir den Luftangriff gehört hätten. Die Hausgemeinschaft war vollzählig im Keller, aber wir konnten ja aus guten Gründen nicht runter und hatten so wunderbar geschlafen wie schon lange nicht mehr. Unser Dank war überschwenglich, und wir machten uns auf, um ungeschoren zum Treffpunkt zu kommen.

Unser Unteroffizier war einmalig und hatte auch großen Anteil daran, daß ich heute über alles berichten kann. Wir brauchten nicht lange zu warten und hielten das geeignete Militärfahrzeug an, das uns nach Berlin brachte. Dort wimmelte es von Feldgendarmen. Unser Unteroffizier hatte uns eingeweiht, daß er eine 9-mm-Pistole im Hosenbund stecken habe und er sofort schießen würde, wenn es brenzlig werden sollte. Zum Glück kam es nicht dazu, und wir landeten ungeschoren in seiner Kaserne des Ersatztruppenteils in der Nähe der Rennbahn Hoppegarten.

Nun waren wir sicher, er war hier zu Hause. Er kannte Hauptfeldwebel, Schreibstube und Verpflegungsleute. Wir hatten unsere Grundlage wieder. Die Recherchen ergaben, daß sich unsere alte Pioniereinheit in Nordhausen treffen sollte. Wir bekamen alle nötigen Papiere, wollten aber erst einmal nach Hause. Der Unteroffizier stammte aus Oberschlesien, der Oberschütze war im Rheinland zu Hause.

So lief wieder eine schwierige Angelegenheit an. Schon am Görlitzer Bahnhof Wehrmachtskontrolle. Ein junger, forscher Soldat wollte mir nicht abnehmen, daß ich nach Nordhausen über Cottbus fahren müsse – Palaver. Und dann wollte er den Offizier heranholen. Ich machte aber schnell kehrt und kratzte die Kurve. Gottlob war ja so ein Andrang, daß ich schnell in den Menschenmassen verschwand. Da gab es doch auch noch die S-Bahn, wieder Kontrolle. Aber ich winkte nur mit meinen Papieren und ließ mich von der Menge auf den Bahnsteig tragen. So auch in Schöneweide. Der Zug sollte gleich abfahren, und da stand ein alter Landser, der mich ohne viel Trara durchließ. So auch in Cottbus. Dort waren auch ältere Kameraden, denen ich bloß mit meinem Fahrschein zuwinkte.

Ich war in Cottbus. Uff. Und nicht viel später war ich bei meinen Lieben. Das waren eine Überraschung und eine Freude – die Frau und die beiden Töchter. Ich wollte ja vor allem noch vieles regeln und erklären. Denn wie die Frontlage war, mußten wir damit rechnen, in kurzer Zeit die Russen auch in Cottbus zu haben. Unsere spezielle Lage war noch besonders schwierig, denn wir hatten das Büro der NSDAP Sandow in unserem Hause. Die guckten mißtrauisch, aber da sie mich kannten, schluckten sie meinen dreitägigen Sonderurlaub. Ich mußte nun besonders vorsichtig vorgehen. Nachts stemmte ich ein Loch in den Kellergang unter der Wohnung eines älteren Ehepaares. Weil dort nicht unterkellert war, mußte ich unzählige Eimer Sand über den Hof bis ins Nachbargrundstück schleppen. Ich verwahrte dort dann einige Kostbarkeiten, wie ein 22bändiges Lexikon, Porzellangeschirr, eine alte Schreibmaschine usw., vermauerte die Öffnung und glich sie meisterhaft der Umgebung an. Ich kann ja vorwegnehmen, es hat sich bewährt. Nach Kriegsende haben wir unsere Wertgegenstände wieder entnehmen können. Viel hat dazu auch beigetragen, daß das Nazibüro Sandow abgelöst wurde. Durch Polizei, die von den Kommunisten und Russen eingesetzt wurde.

Es waren drei schöne Tage, aber aus Angst vor der Zukunft wollte keine so richtige Freude aufkommen. Dann wieder der Abschied. Meine Frau hatte eine gute Idee. Sie hatte in Gera Onkel und Tante und wollte etwas von ihrer guten Wäsche auslagern. Das haben ja viele aus Angst vor Bombenangriffen in großem Umfange getan. Nordhausen liegt ja in Thüringen, und da mußte man auch nach Gera kommen.

Ohne Schwierigkeiten fuhr ich mit einem mittleren Koffer bewaffnet erst mal nach Gera. Ich wurde herzlich begrüßt und versorgt und verbrachte die Nacht in der Schloßstraße. Weiter nach Nordhausen ging es auch reibungslos. Leider war unsere Truppe inzwischen verlegt, und zwar nach Oschatz. Auf der Kommandantur bekam ich neue Papiere. Aufgrund der Bombardierung der Strecken durch die Engländer und Amerikaner war eine Fahrt durch Deutschland nicht mehr problemlos möglich. Ich mußte mit Hunderten Flüchtlingen manchmal tagelang in Wartesälen kampieren, ehe die Gleise zur Weiterfahrt fertiggestellt waren. Ein Elend. Alles hatte sich, auch mit vielen Kleinkindern, eingerichtet. Geschlafen wurde auf dem Fußboden. Da war es kein Wunder, daß ich erst viel zu spät nach Oschatz zu unserem Truppenteil kam. Die hatten sich in einer schönen Kaserne etabliert. Ich wurde sofort als Deserteur eingestuft, weil die gewisse Zeit, in der man wieder dasein mußte, weit überschritten war. Ich durfte die Kaserne nicht verlassen. Die beiden Kameraden, die sich auch einen Sonderurlaub genehmigt hatten, waren auch noch nicht zurück. Von den Vorgesetzten wurde ich scheel angesehen, und man teilte mir mit, daß eine Klage wegen Fahnenflucht beim Kriegsgericht eingereicht sei. Die waren aber vollkommen überlastet, und so mußte ich warten. In Torgau warteten Tausende auf ihre Verurteilung – Strafkompanie oder Tod durch Erschießen.

Inzwischen waren die beiden Mitdeserteure auch eingetroffen. Der Unteroffizier war nicht mehr in seinen Heimatort gekommen, hatte aber dem Volkssturm noch die Handhabung der Panzerfaust beigebracht.

Wir mußten wie alle anderen unseren Dienst, Exerzieren usw., ausführen. Eines Tages wurde ich zum Hauptmann befohlen. Er verkündete meine erste Strafe für das Verlieren des Karabiners und der Gasmaske – ein Jahr keine Marketenderware. Ich mußte wohl ein bißchen gelächelt haben, denn er schrie mich an: „Grinsen Sie nicht! Sie werden schon noch sehen."

Jedes kleine Kind wußte schon, daß der Krieg in den letzten Zügen lag. Die Amerikaner lagen an der Mulde, und der Russe war nur noch ein paar Kilometer entfernt. Dann kam der furchtbare Tag, die Auslöschung Dresdens. Wir konnten in der Ferne die Christbäume, Zielscheiben für die Bomber, sehen und das Aufblitzen der Bomben und das Feuer. Der ganze Himmel war dunkelrot. Eine barbarische, menschenverachtende Sache, die wie die Atombomben auf Hiroshima und Nagasaki die Mentalität der Vereinigten Staaten zeigte. Und am folgenden Tag der Luftangriff auf Cottbus. Ich war am Boden zerstört. Was ist passiert? Leben meine Lieben noch? Das waren meine Gedanken. Ich hatte doch keine Verbindung mit der Heimatstadt. Es war grausam, aber ich mußte damit noch sehr lange leben, ehe ich Aufklärung bekam.

Wir wurden an der Mulde, einem Flüßchen, eingesetzt. Wir mußten uns sehr vorsichtig bewegen, denn die Amis lagen auf der anderen Seite des Wassers. Sie hatten auch die Luftherrschaft.

Ihre Jäger kreisten den ganzen Tag über dem Gelände und hatten so eine gute Optik, daß sie einen Hasen auf dem Feld ausmachen konnten. Unsere Messerschmidtjäger, die wegen Benzinmangel unter prima Tarnnetzen lagen, sind in einer Nacht zerstört worden. Die amerikanischen Jäger schossen mit ihren Zweizentimeterkanonen auf alles, was sich bewegte. So hatten wir schwere Verluste, auch unter der Zivilbevölkerung.

Der Amerikaner blieb natürlich nicht untätig hinter dem Wasser. Er kam rüber und bildete einen Brückenkopf. So nennt man das in der Militärfachsprache. Und da wir am nächsten waren, sollten wir ihn zurückdrängen. Welche Naivität, die Hochgerüsteten mit unserer zusammengewürfelten Truppe anzugreifen. Unser Hauptmann war begeistert. Wir trafen alle Vorbereitungen und schlichen uns in der Nacht an die Amis heran. Als es langsam hell wurde, gab unser Chef das Angriffssignal. Wir sollten, wie wir das so oft von den Russen gesehen hatten, über das offene Feld stürmen. Da machten aber unsere Offiziersanwärter nicht mit. Sie hatten andere Ansichten von Militärtaktik.

Zu unserem Glück waren ganz in der Nähe kleine Siedlungshäuser, in die zogen wir uns zurück. Nun versuchte uns die amerikanische Artillerie in den Häusern kleinzumachen. Sie versuchten alles mögliche, aber wir lagen für sie so ungünstig, daß sie nur die Dächer zerstören konnten. Sie sind ja dafür bekannt, daß sie erst mal jeden Widerstand vernichten und dann mit ihrem Jeep vorgefahren kommen. So war es dann auch. Wir hatten Bettlaken als weiße Fahnen rausgehängt, und dann kamen sie. Ich hatte einen kleinen Splitter am Kopf abbekommen, der stark blutete, und der junge Sergeant deutete an, ob ich nicht versorgt werden sollte. Die kleine Schramme war aber unerheblich, und ich sagte ihm, daß noch schwerer Verwundete im Haus lägen. Ein paar Minuten später fuhr ein Sanka rüber. Die erste Begrüßung im

Lager der Amis war, daß mir ein schwarzer Soldat meine Schockenuhr für 2,50 Mark abriß. Er selbst hatte an seinem Arm bis zur Achsel Armbanduhren befestigt.

Wir wurden ausgiebig verhört, obwohl wir ja keine Geheimnisse zu verraten hatten. Wir wurden tagelang von einem Fußballplatz oder ähnlich großen Flächen herumgefahren, ohne was Anständiges zu essen oder zu trinken zu bekommen. Die Amerikaner waren wahrscheinlich überfordert mit den vielen Zehntausend Gefangenen, die sie gemacht hatten.

Wir näherten uns langsam dem Rheinland. Die Fahrt von Bad Hersford nach dem berühmt gewordenen Bad Kreuznach ist mir besonders im Gedächtnis geblieben. Die betrunkenen schwarzen Fahrer vollführten mit ihren mit Gefangenen voll beladenen Lkws tollkühne Experimente. Sie fuhren Rennen auf den Straßen. Beim Überholen auf den schmalen Straßen kamen sie sich dann so dicht, daß sie zusammenhakten und nur durch blitzschnelles Gegenlenken wieder freikamen. In den schmalen Kurven konnten wir unseren Wagen nur vor dem Umkippen bewahren, indem wir uns auf Kommando gleichzeitig auf die Gegenseite warfen. Die Verrückten versuchten immer wieder, durch Zickzackfahren das zu vereiteln. Die Planken der Fahrzeuge zersplitterten durch Äste, und es war wie ein Wunder, daß nur einem Kameraden der linke Ellenbogen zerschmettert wurde.

Wir fuhren durch Kreuznach. Alles friedlich. Viele Menschen auf den Straßen. Die Frauen und Kinder winkten. Wir, mit flauen Mägen, fühlten uns vogelfrei. Die Amis vergnügten sich damit, uns mit den runden Griffen alter Krückstöcke vom Wagen zu ziehen. Als erstes wurden wir gefilzt. Das heißt, wir und unsere Habseligkeiten wurden gründlich durchsucht. Mäntel und Decken wurden weggenommen. Uhren, Eheringe, auch Fotos von Angehörigen wurden requiriert. Meinen Trauring kriegten sie nicht, weil ich ihn in eine Körperöffnung steckte, die sie nicht durchsuchten.

Wir mußten uns auf dem Acker einrichten. Immer zu zweien gruben wir uns mit Eßgeschirr und Eßlöffeln grabähnliche Löcher, in die wir uns nachts eng aneinandergeschmiegt hineinlegten, um uns durch unsere Körperwärme warm zu halten. Es war Anfang Mai, also noch empfindlich kühl. Was halfen unsere Vorkehrungen, als es zu regnen anfing und die ganze Nacht durch regnete. Es wurde eine lange Nacht. Ohne Schutz gegen die eklige Nässe von oben und unten verbrachten wir eine grausame Nacht. Der lehmige Boden auf den Höhen von Kreuznach war glitschig und von dreckigen Tümpeln übersät. Wie begrüßten wir am nächsten Vormittag die strahlende Sonne, die im Laufe des Tags alles wieder trocknete.

Tagelang hatten wir nichts gegessen, dann lief die Versorgung an. Es gab für eine Gruppe von zehn Mann eine Büchse Pflaumen und ein Weißbrot. Als Gruppenführer mußte ich teilen. Da entstand die berühmte Brotwaage. Ich teilte und mußte mir immer die kleinste Portion nehmen. Das Scheibchen Brot wurde von den Willensstarken getrocknet und nach Stunden wie eine Hostie durchgelutscht. Ganz Sture hoben das Stückchen Brot auf, mußten aber das Risiko eingehen, in der Nacht bestohlen zu werden. Das war aber auch eine gefährliche Sache. Wir hörten oft nachts die Schreie der Erwischten, die man zusammen-, wenn nicht totschlug. Der Ehrenkodex war sehr hoch. Was spielte ein Menschenleben überhaupt noch für eine Rolle?

Später gab es dann Care-Pakete. Das war so eine Art eiserne Ration für die Amis, mit Bohnen, roten Rüben, „ham and eggs", Keksen, Tee, aber auch ein paar Zigaretten und Streichhölzern. Alles wurde christlich geteilt. Auf jeden kam ja nur eine Kostprobe. Die Kameraden waren leider so undiszipliniert und machten sich in der Finsternis aus den Pappkartons kleine Feuerchen an, um sich etwas Warmes einzuverleiben. Den Amerikanern gefiel das aber gar nicht. Sie schrien: „Fire out!" – Feuer aus! – und schossen dann ins Lager hinein.

Die Kreuznacher Frauen organisierten auch eine Suppenküche, wurden aber durch Schüsse der Posten zurückgetrieben. Einmal hatte es eine Frau geschafft, an den Stacheldraht heranzukommen. Sie warf einen Kuchen in einem Pappkarton über den Zaun. In diesem Augenblick wurde mir klar, was der Ausdruck „Bestie Mensch" bedeutet. Im Augenblick entstand ein mit allen brutalen Mitteln kämpfender Menschenhaufen. Das Ergebnis: Der Kuchen war förmlich in Atome aufgelöst und befand sich nur in Spuren an den Händen einiger PWs. So war es kein Wunder, daß die riesigen Löcher, die als Toiletten benutzt werden sollten, nur für kleine Bedürfnisse gebraucht wurden. Ich hatte 16 Tage keinen Stuhlgang.

Die Amerikaner sparten nicht an Chlorkalk, sie hatten große Angst vor Epidemien. Nur fiel mir das mangelnde Interesse bei der Versorgung der Kranken auf. Gewiß waren schöne, große, saubere Zelte aufgestellt, und es waren deutsche Ärzte und Krankenpfleger da. Die medizinischen Fachkräfte hatten leider weder Medikamente noch irgendwelche medizinischen Hilfsmittel. Von uns PWs hatte man Verbandpäckchen eingesammelt. Was nutzten da die wunderschönen Feldbetten! Sicher war man auch hier von der ungeheuren Zahl der Gefangenen überrascht worden. In unserem Teillager hielten sich 10.000 Gefangene auf.

Hygiene war aber wichtig. Wir bekamen aller 14 Tage ein großes Stück Kernseife und eine Rolle Toilettenpapier pro Mann. Wasser konnten wir täglich einen halben Liter am Tankwagen empfangen. Das Gemeinste war die Zuteilung von einem Eßlöffel Zucker und einem Eßlöffel Bohnenkaffee jeden Abend. Das wurde dann gemischt und von den Lagerinsassen gegessen. Dadurch wurden Schlafstörungen eingeleitet, und die phantasievollsten Parolen durchschwirrten das Lager. Die schönsten bezogen sich immer auf unsere Entlassung. Sehnsüchtig sahen wir täglich Güterzüge mit Gefangenen wegfahren. Wir sehnten uns danach mitzufahren. Wie wir Jahre später erfuhren, kamen diese Kameraden aufgrund eines Abkommens in französische Steinbrüche. Im Lager Mailly le Camp entging ich durch Zufall diesem Schicksal. Man warb Fleischer und Bäcker. Viele der Ausgehungerten ließen sich täuschen, und nur wenige sahen die Heimat wieder. Die meisten gingen bei mörderischer Arbeit in den Steinbrüchen zugrunde.

Schlimm erging es auch den Nikotinsüchtigen. Sie hatten bereits alles Verkohlbare aufgeraucht. Sämtliche Bäume waren fein säuberlich bis auf die Wurzeln verraucht. Ich war mehrmals Zeuge, wo ganz besonders rauchsüchtige Verrückte ihren bisher versteckten Trauring für ein paar Zigaretten an die Amerikaner verscherbelten. Ja, die Amis hielten die Preise unerbittlich. Die Versorgung mit Lebensmitteln besserte sich aber. Wir bekamen Feldküchen mit Gulaschkanonen. Nur die Verteilung des Essens nahmen mir einige Profis aus der Hand. Ich bekam es nicht fertig, beim Hantieren mit dem großen Schöpflöffel das Dicke herauszufischen. Da die Gruppen immer wechselten, hatten die Letzten immer nur die Wasserbrühe.

Wir hatten uns schon ganz schön an das Leben im Freien gewöhnt, als wir in das Lager Mailly le Camp verlegt wurden. Da hatten wir dann wenigstens große Zelte, immer so für 20 Mann. Aber hier herrschte ein strenges Regiment. Der Lagerkommandant war ein polnischer Jude, der uns wohl für die Vernichtung der vielen Glaubensgenossen verantwortlich machte.

Die PWs, Kriegsgefangenen, hatten sich doch aus Bandeisen messerähnliche Dinge gefertigt. Wir mußten stundenlang angetreten in der glühenden Sonne stehen, weil der Kommandant scharf auf diese Sachen war. Gefunden wurde aber nichts. Das Lager bestand ja nur aus Sandboden. Bei der geringsten Verbotsüberschreitung mußten die Verurteilten bis Sonnenuntergang am Fußballtor stehen. Aber nicht aufrecht, sondern schräg gestützt. Diese strenge Herrschaft mußten wir nur ein paar Wochen durchhalten, dann wurden wir in das Entlassungslager Camp New York bei Reims verlegt. Es sollte für uns das Paradies werden nach all dem Hunger und den Entbehrungen der letzten Zeit.

Wir bekamen zu je vier Gefangenen ein kleines Zelt mit vier Feldbetten. Da ja der Winter vor der Tür stand, waren die Zelte mit Dachpappe verkleidet. Wir waren gewissermaßen als Dienstleistende für entlassene GIs vorgesehen. Alle Kameraden arbeiteten in Küchen und an allen möglichen Stellen. Ich wurde als Kunstmaler im großen Serviceclub eingesetzt. In dem Club waren Klaviere, Tischtennisplatten und viele Spiele untergebracht, womit sich die Amis in der Freizeit vergnügten.

Wir hatten unsere Ecke, wo wir, ein Maler aus Halle, ein Kunstmaler aus Österreich und ich, mit roter, blauer, gelber, schwarzer und weißer Lackfarbe die schönsten Gemälde, Abbilder aus amerikanischen Magazinen und fast nackte Pin-up-Girls zauberten. Die Platten wurden sogar nach den USA mitgenommen.

Allerdings mußten wir uns erst auf die kalorienreiche Nahrung einstellen. Obwohl gewarnt, aßen wir doch ein bißchen zu viel und bekamen alle Durchfall. Die Toilette, ein Donnerbalken, war ca. 50 Meter vom Zelt entfernt, also eine schöne Rennerei, besonders nachts. Nach und nach lebten wir in Saus und Braus. Zwei Kameraden arbeiteten in der Küche, so daß wir immer mit dem Besten versorgt waren. Jetzt kann man ja den Trick verraten, wie unter der Aufsicht des amerikanischen Küchenpersonals die feinsten Leckerbissen mitgebracht wurden. Eine ganz simple

Methode. Die Büchsen wurden geöffnet und die leeren Dosen durch ein offenes Fenster rausgeworfen. Nun wurde hin und wieder eine volle Büchse nach draußen befördert. Die wurden dann nach Dienstschluß mit ins Zelt genommen.

So nahmen wir unsere Gefangenenküche nicht voll in Anspruch. Der Koch bettelte: „Holt doch wenigstens ein paar Weißbrote ab, ihr habt doch einen Ofen!" Tatsächlich, das Weißbrot brannte. Welche Diskrepanz, auf der einen Seite schrecklicher Hunger und hier Überfluß. Ich sorgte wieder dafür, daß die Raucher keinen Mangel hatten. Es hatte sich rumgesprochen, daß ich Fotos in Vergrößerung malte. Schwarze und weiße Kunden ließen sich bunt vergrößern, viele ihre Babys. Der Preis war in der Regel eine Stange Zigaretten. Es kam so weit, daß meine Kumpels gewisse Sorten bevorzugten.

Im Serviceclub lernte ich dann einen Amerikaner italienischer Abstammung kennen. Er war Dirigent eines New Yorker Orchesters. Er war ein sehr hübscher Mann und ausgerechnet der Bursche vom Lagerkommandanten, einem Oberst. Wir freundeten uns an. Und wie es sich ergab, malte ich ein Porträt von ihm in unserem Zelt. Das Bild gelang sehr gut. Wahrscheinlich zeigte er es seinem Chef, und der wurde ganz rappelig und wollte auch gemalt werden. Er holte mich auch persönlich mit einem Jeep ab und fuhr mit mir zu seiner Wohnung. Dort waren zwei Offiziere. Sie spielten Skat. Der Oberst rauchte auch noch eine dicke Zigarre, und nun sollte ich ihn auf die Leinwand bannen. Nun quälte ich mich zwei Tage lang, das runde, gar nicht markante Gesicht auf der Leinwand ähnlich zu gestalten. Es war nicht möglich. In meiner Verzweiflung ließ ich mir ein Foto geben aus einer Zeit, als das Objekt noch rank und schlank war. Und nun gelang das Bild. Der Oberst murmelte was vom Louvre. Ich schämte mich.

Über meine Entlohnung waren wir uns schnell einig. Der Verantwortliche für Hunderte Menschenleben gab sich großzügig. Eine amerikanische Offizierswindjacke gefiel mir, und ich bekam sie. Ich konnte sie später sogar mit nach Hause nehmen, weil ich die PWs mit gelber Wasserfarbe aufgemalt hatte und dann wieder ausbürstete. Ja, das Holzauge mußte ständig wachsam sein.

Im Augenblick war mir eine große Flasche Cognac sehr wichtig. Aber der Polizeigewaltige ließ sich auch hier erweichen, es war nämlich Weihnachten. Und wir vier im Zelt konnten uns ein wenig betäuben. Trotzdem konnten wir die Tränen nicht unterdrücken. Inzwischen durften wir auf Betreiben des Roten Kreuzes eine Karte mit 25 Worten nach Hause schicken. Keiner wußte aber, was nun zu Hause los war. Es herrschte völlige Ungewißheit darüber. Im Nachbarzelt hatten die Kameraden Radioempfang. Den Strom hatten sie beim Stacheldraht abgezapft. So waren wir wenigstens über die Lage in der Welt unterrichtet.

Seit Mai war ja nun der Krieg zu Ende. So hofften wir, daß unsere Gefangenschaft auch bald ein Ende haben würde. Und wirklich, nach Monaten war es soweit. Wir wurden gefilzt und wieder einiger Habseligkeiten, die wir uns inzwischen angeschafft hatten, beraubt. Und ab ging es mit Lkws ins Entlassungslager nach Marburg. Es dauerte wieder einige Tage, bis wir unsere Papiere hatten. Wir wurden von Stadtverordneten gewarnt, nach Hause zu fahren. Nach deren Erkenntnissen waren schon viele der Entlassungszüge nach Sibirien weitergeleitet worden. In Marburg wurden Siedlungen extra für die Entlassenen gebaut, und wir hätten bleiben können. Das war aber für mich unmöglich. Ich mußte nach Hause fahren, um festzustellen, was sich dort ereignet hatte. Die Ungewißheit bedrückte mich derart, daß ich die Gefahr der Weiterfahrt nach Sibirien in Kauf nahm. Wir kamen in Erfurt an. Es mußten doch wieder bürokratische Erfordernisse erfüllt werden.

Oh, hier herrschte gleich ein anderer Wind, nach der Disziplinlosigkeit im Camp New York. Beängstigend. Die Russen und die Kommunisten hatten das Sagen. Wassersuppe und eine Scheibe Brot war die Tagesration. Die Hilfspolizisten waren in Marineuniformen gekleidet.

Die russischen Dokumente in der Hand, ging es auf dem schnellsten Weg nach Cottbus. Ja, das Haus stand noch, und nach einem Augenblick die unbeschreibliche Freude, Frau und Kinder in die Arme schließen zu können. Sie hatten überlebt, wenn auch nach einer furchtbaren Odyssee, einer Flucht, die sie und die Großeltern bis nach Halbe geführt hatte. Bei Halbe wurden die letzten deutschen Truppen aufgerieben, und mein Bruder Horst wurde leicht verwundet, starb dann aber durch eine Infektion. Er liegt auf dem Soldatenfriedhof in Luckau. Onkel Alfred war dem Typhus erlegen, und Tante Ella war mit den drei Töchtern Ursel, Margot und Gerda allein. Es waren hübsche Mädels.

Nun wurde erst einmal die Wiederkehr des verlorenen Sohnes gefeiert. Leider war Schmalhans Küchenmeister, mit den paar Lebensmittelmarken konnte man keine großen Sprünge machen. Mutti Jüttner, meine Frau, hatte noch Glück, sie war im Polizeirevier stundenweise als Haushaltshilfe angestellt. So hatte sie manche Vorteile. Sie kochte für die Herren Polizisten und hatte die Schlüssel für Kartoffel- und Kohlenkeller. Mein Schwiegervater Maxe hatte seine Wohnung auch aufgegeben und wohnte nun bei uns.

Wir hatten das Pech, nach der Kapitulation Deutschlands zur Besatzungszone der Sowjetunion zu gehören. Wir spürten das auf Schritt und Tritt. Nun mußte ich sehen, wie ich zu meinen Lebensmittelmarken kam. Normalerweise hätte ich ja wie so viele andere beim Ausschlachten der Betriebe und Einpacken der Maschinen und anderen wertvollen Sachen eingesetzt werden müssen. Ich mußte in das Eckhaus am Gerichtsplatz, wo verschiedene Behörden untergebracht waren. Da man mich nicht ohne Schein der Arbeitsbehörde aus dem Gebäude herauslassen wollte, ging ich zum Amtsarzt, der meine Verwundung der rechten Hand registrierte, und bekam meinen Schein zum Verlassen dieser Menschenfalle.

Mein Vater hatte ein Gewerbe angemeldet, einen kleinen Laden gemietet und seine künstlerisch begabten Kinder angestellt. So hatten wir unsere Lebensmittelkarten und waren vor Schnüffeleien sicher. Bald hatte ich mich auch selbständig gemacht und fristete mit farbigen Vergrößerungen von Fotos aller Art unser Leben. Bei Kottulinski, einem großen Geschäft in der Spremberger Straße, bekam ich eine Ausstellungsfläche, und so florierte das Geschäft. Die meisten Aufträge kamen von Leuten, die ihre Angehörigen durch Kriegseinwirkungen verloren hatten. So eine Vergrößerung kostete 50,- Mark, soviel wie ein Brot, das man schwarz kaufte.

Da tauchte die nächste Schwierigkeit auf. Wir Innungsmitglieder mußten für russische Unterkünfte und Kasernen arbeiten. Unser Obermeister konnte nicht anders und mußte uns verpflichten, am nächsten Tag früh um acht Uhr zum Beispiel in der Dissenchener Kaserne mit Werkzeug anzutreten. Unser Obermeister Güttler tat das ein bißchen zögerlich und wurde einen Tag lang in einem Keller in Dissenchen eingesperrt. Mein Problem löste sich überraschend. Schwiegervater Max war bereit, die Arbeit in Dissenchen für mich auszuführen. Er war ja ein tüchtiger Maler und wanderte nun jeden Tag die paar Kilometer, um die Räume der Kaserne mit Schlämmkreide ohne Leimzusatz zu streichen. Er brachte auch noch jeden Tag im Rucksack ein paar Kilo

Kreide mit. Mir läuft es noch heute eiskalt über den Rücken – wenn die Russen ihn erwischt hätten … Der Mann einer Kundin war, weil er vom Bahnhof ein paar Kohlen mitgenommen hatte, in ein Arbeitslager verschleppt worden.

Von einer lebensgefährlichen Lebenshaltung in die andere, von der Gestapo zur Stasi. Bei mir bahnte sich auch Bedrohliches an. Vor dem Krieg war ich doch in die SPD eingetreten und wurde prompt in die SED eingegliedert, ob ich wollte oder nicht. Ich bekam mein Mitgliedsbuch und mußte an den Zwangsversammlungen teilnehmen. Nach einiger Zeit wurde eine Prüfung sämtlicher Mitglieder vorgenommen. Eine Kommission stellte Fragen, die ich nicht befriedigend genug beantwortete. Bei der neueren Ausgabe der Mitgliedsbücher wurde ich zum Kandidaten zurückgestuft. Ich verkrümelte mich heimlich, ohne das Buch anzunehmen. Nun begann eine Zeit der Angst. Man versuchte mit Terror, mir das Buch aufzuzwingen, und drohte ständig. Meine Frau hatte das meiste auszustehen, denn ich war ja arbeiten. Wie ich da rauskam, war wieder ein Wunder. Ich wurde zu Spitzenleuten vorgeladen und bearbeitet, blieb hart, und nach Jahren war ich endgültig aus der Einheitspartei raus.

Es war ein schweres Leben in der Zone, wie das Stückchen Erde, vollkommen unterdrückt und ausgeplündert, genannt wurde. Es mangelte an allem. Jeder versuchte zu überleben. Es gab keine Ersatzteile. Vieles mußte unter Gefahren aus dem Westen herangeschafft werden. Die Handwerker mußten mit ungewöhnlichen Rohstoffen arbeiten. Die gegründete Genossenschaft gab als erste Materiallieferung eine Flasche Brennspiritus und etwas Kaolin, Grundstoff für die Porzellanherstellung, aus. Werkzeuge gab es gar nicht. Man kann es nur dem Geist und Erfindungsreichtum der Handwerker und aller anderen zuschreiben, daß sie überlebten.

Um den Mangel an Nahrungsmitteln zu beheben, schafften wir uns schnell ein Gärtchen an. Erst gleich über der Pücklerstraße, dann im sogenannten Pressegelände, und später kauften wir ein Grundstück in der Branitzer Siedlung. Meine kleinen Mädchen hatten auch ein entbehrungsreiches Dasein. Wenn ich daran zurückdenke, wie ihre Mutter es fertigbrachte, sie zu kleiden, das ist mir heute noch ein Rätsel. Die beiden waren von Anfang an tüchtig. Christa ließ sich in der Schule nichts gefallen, und wir mußten einige Male zum Elternabend. Ingrid, fünf Jahre jünger, war ein artiges Schulkind und beliebt bei den Lehrern. Sie hatte ausgezeichnete Zensuren und machte ihren Weg. Sie ging noch einige Jahre aufs Gymnasium und mit einem Jahr Verspätung an die Universität Greifswald zum Apothekerstudium. Das eine Jahr später, weil ich ja Ausbeuter war als Selbständiger und Ingrid kein Arbeiterkind. Ingrid hatte Glück, daß sie anläßlich eines Besuches bei unserer Bekannten Lotti Traudel kennenlernte, die sie so liebgewann, daß sie gewissermaßen ihre ganze Garderobe während der Studienzeit bekam. Wir waren da ganz schön entlastet, da Ingrid auch so eine Art Bafög erhielt. Christa absolvierte die Lehre als Dekorateur. Da sie auch zeichnerische, malerische und sonstige Fähigkeiten geerbt hatte, fiel ihr das nicht schwer. Sie bekam dann eine Anstellung beim Textilgroßhandel, dem Nachfolger Michovius'. Sie setzte sehr stark ihre Kräfte ein und wurde auch ausgenutzt. Da sie so gutmütig und hilfsbereit war, wurde sie von der Firma auf verschiedenen Positionen eingesetzt. Es war ein schweres Arbeiten mit so unzulänglichen Hilfsmitteln. Rückblickend kann man nicht mehr verstehen, wie da eine Arbeit noch möglich war.

Mich hatte man von der Innung für die Jugendarbeit vorgesehen. Ich wurde Berufsschullehrer, der sich den Lehrplan selbst erarbeiten mußte, und Vorsitzender der Gesellenprüfungskommission. Dann wurde ich auch noch stellvertretender Obermeister. Für einen Kleinbetrieb mit durchschnittlich einem Gesellen und einem Lehrling war das eine ganz schöne Belastung. Es muß doch alles gutgegangen sein, da war man noch jung und stark. Da wurden Wettbewerbe gestaltet, Ausstellungen der sogenannten Malschule gemacht. Die Kollegen spendierten der Schule selten gewordene Materialien, Werkzeuge und alles mögliche, um die Ausbildung des Nachwuchses sicherzustellen.

Meine Mutter war doch so krank. Sie klagte schon lange über Magenbeschwerden, konnte vieles nicht mehr essen und magerte zusehends ab. Vielleicht hätte sie schon lange vorher in ärztliche Behandlung gehen müssen. Nun kam der Zusammenbruch. Sie wurde notoperiert, aber es war schon zu spät. Sie überlebte die Operation nicht. Wir waren alle im Krankenhaus und konnten ihr nur noch bis zum Einschlafen die Hand halten. Sie wurde 46 Jahre alt. Ein Mutterherz hatte viel zu früh aufgehört zu schlagen.

Meine Eltern hatten keine gute Ehe geführt. Die ganze Last lag auf den Schultern der Ehefrau. Sie organisierte alles, war handwerklich begabt, schlachtete sogar kleine Tiere und war eine ausgezeichnete Köchin. Mein Vater konnte ihr in keiner Weise behilflich sein. Leider sprach er auch zu oft dem Alkohol zu. Wir Kinder waren oftmals Zeugen der Auseinandersetzungen. Ich frage mich heute, ob das alles nicht etwa der Anlaß zu der Magenerkrankung gewesen war. Nach dem Tode der Mutter nahm meine Schwester meinen Vater in ihre Wohnung auf. Nach Monaten zeigte sich, daß ein Zusammenleben mit ihm nicht möglich war.

Jetzt waren wir dran, er siedelte zu uns über. Bald war klar, daß das nicht ging. Es war nicht nur der Unterschied zwischen Jung und Alt, es war sein unruhiger Geist. Er dachte nicht daran, sonntags eine kleine Schlafpause einzulegen, und mischte sich in alle Diskussionen ein. Bei Kundengesprächen brachte er seine eigenen Anregungen mit ein. Sogar zu Hausmusik wollte er uns zwingen. Er tat uns leid, aber er mußte seine eigene Behausung kriegen. Er quartierte sich bei Kaufmann Brauer am Oberkirchplatz in einem kleinen Zimmerchen ein. Er hatte nun seinen eigenen Lebensstil. Meine Frau und auch die Töchter machten hin und wieder sauber, und ich versorgte ihn mit Brennmaterial. Wir hatten ihn sowieso nur vorübergehend aufnehmen können, weil wir aus der Dachwohnung mit nur einem Zimmer in den ersten Stock umgezogen waren. Da hatten wir ein riesiges Schlafzimmer, ein kleines Wohnzimmer, eine Veranda und die Küche.

Opa Köhler, mein Schwiegervater, hatte in der Roßstraße eine kleine Wohnung gefunden. Er hat sich dann erkältet und ist nach einem zweitägigen Krankenhausaufenthalt gestorben. Er hatte nicht lange in seiner kleinen Wohnung gelebt.

Heute kann ich nachvollziehen, was die beiden Opas erlebt haben. Ich bin nämlich teilweise in derselben Lage. Sie mußten unter primitiven Voraussetzungen ihr zu Ende gehendes Leben fristen, während ich doch ganz andere Möglichkeiten habe. Ich wohne in einer wunderschönen Wohnung in herrlicher Umgebung, habe Fernheizung und viele elektrische Hilfsmittel. Ich habe Telefon und einen schönen finanziellen Rückhalt. Eigentlich alles ideal. Und doch ist das sinnlose Leben, ohne zukunftsweisende Aufgaben, nur auf das Ende starrend, furchtbar.

Da ich bei einem schlimmen Thema bin, möchte ich Opa Jüttners Tod auch noch berichten. Er muß ein schwaches Herz gehabt haben, denn er klagte immer schon. Er war doch ein Naturfreund und Pilzkenner. Er sagte immer schon, daß er viele Pausen bei seinen Spaziergängen einlegen mußte. Eines Tages mußte ich Dr. Sasse holen, der Opa ins Krankenhaus einwies. Und in der Nacht verstarb er dann an Herzversagen.

Vielleicht passen jetzt im Anschluß ein paar Sätze über meine Krankheiten. Eine schwere Lungenentzündung mit 40° C Fieber überstand ich mit Hilfe von Penicillin. Zweimal wurde ich an der Leiste wegen Leistenbrüchen operiert, eine Prostataoperation wurde durchgeführt. Dann fiel ich von einer Leiter und brach mir das Becken und das rechte Handgelenk. Ich habe viele Erfahrungen in Krankenhäusern gesammelt und könnte nur darüber einen kleinen Roman schreiben. Doch das Leben wies noch viel Interessantes auf.

Christa lernte Horst kennen und wurde Frau Dahlke. Es wurde eine Hochzeit im kleinen Kreise. Mittag aßen wir im Lokal „Stadt Cottbus". Dahlkes fanden eine kleine Wohnung in Madlow. Sie waren für uns mit der Straßenbahn leicht zu erreichen.

Ingrid studierte fleißig in Greifswald. Dort lernte sie einen Kommilitonen kennen, den Wolfgang. Es war wohl Zuneigung auf den ersten Blick. Der Vater, Apotheker Hampel, war Leiter einer staatlichen Apotheke in Neugersdorf. Wie es das Schicksal wollte, traten die jungen Leute in den Bund der Ehe. Wie es die Sitte so vorgibt, fand die Hochzeit in Cottbus statt, am Heimatort der Braut. Das Gastmahl fand in der „Taube" statt. Es war köstlich. Und der Schwiegervater ließ es sich nicht nehmen, die Zeche zu zahlen. Ich als Brautvater war nicht allzu böse darüber. Aufwendiger war der Polterabend mit allem Drum und Dran. Die jungen Leute waren in der Apotheke am Markt in Hoyerswerda beschäftigt. Alle Mitarbeiter waren eingeladen. Und obwohl es der heißeste Tag des Jahres war, wurde es eine fröhliche Nacht. Während eines Gewitters fuhr Wolfgang mit ein paar Leckereien und Trinkzeug nach Hoyerswerda, damit die Diensttuenden auch etwas abbekamen. Die Wohnerei in Hoyerswerda war anfangs nicht so besonders. Aller Anfang ist schwer. Ich weiß nur noch, daß an der Wand des Schlafzimmers der Fahrstuhl bis in die späte Nacht rauf- und runterfuhr und die Bahnstrecke nicht weit vom Hochhaus vorbeiführte. Und das Baby Bettina schlief auch sehr unruhig. Ja, das sind Erinnerungen. Aber es gab auch schöne Stunden in der schlechten Zeit. Da muß ich noch mal weit zurückgreifen, als die Mädchen noch zu Hause bei Muttern und Vater waren. Die Situation spitzte sich zu. Die Töchter wollten gerne einen Hund, einen Pudel, das war zu jener Zeit der Modehund. Sie versprachen hoch und heilig, sich um das Gassigehen des Neuankömmlings zu kümmern. Wir Älteren waren überstimmt und dem Kauf nicht abgeneigt. Wir bekamen einen Tip und holten den kleinen schwarzen Pudel in der Pappelallee ab. Er hatte einen adligen Stammbaum, war also ein „von". Aber das wirkte sich im Charakter gar nicht aus. Er war ein Jahr alt und, wie wir erfuhren, vollkommen unerzogen. Der Hund war zum größten Teil im Garten aufgewachsen. Wir mußten ihn mühsam das An-der-Leine-Gehen lehren. Auch die Fütterung bereitete große Schwierigkeiten. Flüssige Nahrung nahm er überhaupt nicht an. Er mußte mit allen Tricks gefüttert werden. Zum Beispiel wurde Schabefleisch mit Haferflocken präpariert und ihm dann eingeschoben. Axel hörte nicht auf uns. So konnte es passieren, daß er beim Spaziergang mit wildfremden Leuten mitlief. Er achtete auch nicht auf Fahrzeuge und überquerte die Straße urplötzlich. Wir schlossen schnell eine Haftpflichtversicherung ab.

Wie vorauszusehen war, wurde ich der Hundeausführer. Die Mädchen hatten oft keine Zeit dafür. Problematisch wurde es, wenn das Wetter schlecht war, bei Regen oder im Winter. Axel wollte dann durchaus nicht ins Freie. Ich mußte ihn dann greifen und mindestens hundert Meter laufen. Dann machte er schnell sein Geschäft und raste wieder ins Trockene und Warme. Wir hatten aber trotz allem eine tiefe Freundschaft mit ihm geschlossen. Beim Fernsehen saß er immer bei mir im Sessel. Und die

Fahrt mit dem Fahrrad in den Garten machte er in der Hundetasche, die an der Lenkstange hing. Im Garten benutzte er auch sehr bald die Wege und richtete keinen Schaden an. Dafür aber im Wohnzimmer um so mehr. In seiner jugendlichen Unerfahrenheit kaute er Teppiche, Tischdecken usw. an. Der Höhepunkt war die Verspeisung meiner Dederonsocken, die der Hundemagen nicht lange behielt. Die Magensäure hatte aber farbige Spuren hinterlassen. Ein Nachteil der Existenz von Axel war auch, daß wir nicht alle gleichzeitig in den Urlaub fahren konnten. Einer mußte immer zu Hause bleiben. Aber nichtsdestotrotz, unser Kleiner war in die Familie integriert, und wir verlebten sehr viele schöne Stunden mit Axel. Er war wie ein Kind in der Familie und wurde nur elf Jahre alt. Ein Jahr lang kränkelte er, der Tierarzt konnte nicht helfen. Bis es dann zur Gewißheit wurde: Axel hatte Krebs. Es ging abwärts mit ihm. Er konnte nicht mehr so richtig fort, auf glattem Boden rutschte er weg. Dann ging es gar nicht mehr. Vater steckte ihn in die Gartentasche und fuhr mit ihm zum Tierarzt Dr. Laber in der Berliner Straße. Ein furchtbarer Gang, ich saß wie auf Kohlen. Die erste Spritze ging ins Füßchen von Axel nicht rein. So mußte der Doktor den anderen Fuß von Haaren befreien und noch mal spritzen. Ich mußte unseren todgeweihten Liebling festhalten, und das dauerte. Endlich war es so weit, und ich konnte Axel wieder in der Gartentasche unterbringen. In mir war alles wie abgeschnürt. Ich fuhr geistesabwesend in unseren Garten und begrub Axel am Zaun ganz hinten neben dem Bungalow. Die ganze Familie weinte. Es dauerte lange, bis wir wieder unseren Frieden fanden. Es war wirklich, als wäre ein Kind gestorben.

Nun aber zu angenehmeren Dingen, wenn auch ein Urlaub nicht nur angenehme Seiten hatte. Ich möchte einiges schildern, was vor der Ära Axel passiert war, als die Familie noch geschlossen in den Urlaub fahren konnte. Durch die Bekanntschaft mit Familie Blank hatten wir die Gelegenheit, an die Ostsee zu fahren und bei Blanks Bruder in Wusterhusen Quartier zu beziehen. Das romantische Häuschen ähnelte stark unseren Spreewaldhäusern und war auch mit Schilf gedeckt. Das Seebad Lubmin lag allerdings drei Kilometer entfernt, die wir zurücklegen mußten, ehe wir an den Ostseestrand kamen. Das machte uns aber nichts aus. Wir ließen uns braun schmoren und hatten eigentlich keine Angst vor Hautkrebs oder ähnlichem. Wir genossen die See mit ihrer Brandung und den hübschen Quallen und Muscheln. Schwierig war die Einnahme des Mittagessens in dem einige hundert Meter entfernten einzigen Gasthaus. Die Küche war überfordert und konnte nicht so viel liefern, wie die hungrigen Mäuler verschlangen. Wir mußten an den vollbesetzten Tischen hinter den Stühlen stehen und warten, bis ein Platz frei wurde. Wir hatten dann später auch Zuschauer hinter uns, das war so üblich. So konnte eine Mittagspause bis zu zwei Stunden dauern.

Einmal machten wir mit einem kleinen Schiffchen mit 90 Passagieren eine Fahrt nach Baabe auf Rügen. Auf dem Rückweg gerieten wir in einen Gewittersturm mit Stärke 10. Das Schiffchen war ein Spielball der Wellen, und wir waren immer wieder kurz vor dem Kentern. Die ganze Nacht hatten wir noch ein Schwindelgefühl, es drehte sich alles.

Da wir uns mit den Familien Blank und Penka, auch ein Malermeister, gut kannten, fuhren wir auch mit Penkas an die Ostsee. Unsere Familie benutzte die Eisenbahn als Beförderungsmittel bis Greifswald und fuhr dann mit dem Bus weiter.

Paule Penka träumte immer schon von einem eigenen Wagen. Er hatte ja schon einen Hühnerschreck, einen Hilfsmotor fürs Fahrrad, und seinen Führerschein hatte er von seinem Dreiradauto, das er als Betriebswagen nutzte. Paule kaufte drei Tage vor der

Ostseefahrt einen P4, einen Oldtimer. Er machte eine Probefahrt bis nach Peitz, und anscheinend klappte alles. Nun kam die große Fahrt. Wir waren gegen ein Uhr in Wusterhusen, nutzten den Nachmittag zu einem Gang an den Strand und warteten auf Paul und Frieda.

Es wurde Abend, und kurz nach acht Uhr stiegen zwei ganz entnervte Gestalten aus dem P4 aus, Penkas. Der Kühler des P4 war nicht in Ordnung und hielt nach Füllung nur eine gewisse Zeit aus, um sich, wenn er kochte, in eine Nebelwolke zu hüllen. Die Armen, sie mußten von einer Wasserstelle zur nächsten fahren. Das war nicht immer so einfach. Der Kühler mußte am nächsten Tag in der Stadt repariert werden. Es zeigten sich aber noch laufend andere Mängel. Wir fuhren wieder mit unserer guten Eisenbahn nach Hause. Auch wir hatten viel Streß zu ertragen. Ab Greifswald bekamen wir nur einen Platz im Korridor und mußten bis Lichtenberg auf unseren Koffern hocken. Mit der S-Bahn fuhren wir nach Schöneweide. Himmel und Menschen. Daß der einfahrende Zug nicht ein paar Menschen runtergerissen hat, war wie ein wahres Wunder. Wir wurden beim Einsteigen getrennt und mußten uns nachher suchen. Das war der Abschluß unseres schönen Ostseeurlaubs. Wie erholten uns aber schnell, denn wir waren ja noch jung.

Wir hatten noch ein anderes Urlaubsziel, das Erzgebirge. Ausgangsdorf war Kipsdorf. Von dort aus machten wir herrliche Wanderungen in die umliegenden Orte. Wir waren ein paarmal da.

Doch nun zu ganz anderen Erinnerungen. Nachdem wir uns mit dem 200 bis 300 Quadratmeter großen Schrebergärtchen gequält hatten, reifte das Verlangen nach einem eigenen Grundstück. Und wir hatten wieder einmal Glück, in der Tageszeitung wurde ein 800 Quadratmeter umfassendes Bauland angeboten. Wie ich später erfuhr, hatten sich 22 Interessenten gemeldet. Ich bekam den Zuschlag, weil die Anzeige von einer Kundin kam, bei der ich kürzlich gearbeitet hatte. Sie kannte mich und wußte das Stück Land in der Branitzer Siedlung in guten Händen. Ihr Mann war verstorben, und so hatte sie keine Lust mehr, sich ein Häuschen bauen zu lassen. Das Gelände war ein Acker, den ein Fuhrunternehmer gepachtet und infolge jedes Jahr nur Hafer angebaut hatte. Der Boden war nur eine Queckenlandschaft. Und ich muß es Opa Jüttner heute noch hoch anrechnen, daß er das große Stück Land von diesem Unkraut befreite. Treu und brav ging er jeden Tag und säuberte durch Graben und gewissenhaftes Heraussuchen Stück für Stück des Bodens. In der kleinen Schonung hinter der Straße wuchsen riesige Abfallberge.

Nun hieß es, das Stück Land einzuzäunen. Die Fläche ist 42 Meter x 18 Meter groß. Das sind 120 Meter Zaunlänge. Zum Glück gab es in Peitz ein Holzbearbeitungsunternehmen, das Zäune preisgünstig herstellte. Sie lieferten auch an. So konnte ich mit meinen beiden fleißigen Lehrlingen mein Grundstück dichtmachen. Ich war der erste Anlieger und mußte deshalb rundum zumachen.

Ich kann es heute nicht mehr begreifen, wie ich damals den Aufbau des Gartens geschafft habe. Zwölf Bäume wurden gepflanzt, die Gebäude, ein Wasserbecken, ein Plattenweg in der Mitte des Gartens und noch mal ein stabiler Zaun gebaut. Der alte hielt ja nur ein paar Jahre. Trotz Imprägnierung faulte er weg. Und alles mußte neben der regulären Arbeitszeit geschafft werden.

Nun gab es damals ja kaum Material. Aus dem Nichts mußte was gemacht werden. Es war der reinste Horror. Unter anderem hatte ich Gelegenheit, zehn Sack Zement, zu 60 Prozent versteinert, zu bekommen. Und vieles mußten meine Lehrlinge mit dem Schiebekarren heranholen. Vor allem die vielen hundert Mauersteine, die ich brauchte. Ich selbst mußte den Wagen mit Kies beladen, damit ich eine Fuhre angefahren bekam. Wie wurde das alles geschafft? Zum Glück war Horst, mein Schwiegersohn, als Kipperfahrer beschäftigt. Und er war auch gar nicht ängstlich. Die Scheune eines Kunden in Sandow war abrißbereit. Wir rissen den Dachstuhl mit einem Flaschenzug runter, sortierten Balken und Bretter, und Horst brachte das Material mit dem Kipper nach dem Garten. Nun konnte gebaut werden. Ich wurde Maurer, benutzte aber nicht die Methoden der Zunft. Ich mauerte die Fenster einfach in die Wände ein und ersparte mir das zeitraubende Nachbessern. Für Ecken machte ich mir Schablonen, das heißt, zwei Bretter wurden im rechten Winkel lotrecht aufgestellt. So ersparte ich mir das fortwährende lästige Kontrollieren mit der Wasserwaage.

Es wurde zügig gebaut, installiert und gestrichen. Ein Rentner aus Sandow baute aus alten Rohren eine Wasserleitung, so daß wir vom Wasserwerk das kostbare Naß bekommen konnten. Vorher hatte schon ein anderer Rentner eine Pumpe eingerichtet. In fünf Metern Tiefe gab es Wasser, doch durften wir es im Sommer nur bis fünf Uhr gebrauchen. Also mußte Vater früh um vier Uhr raus, um die Pflanzen zu erfrischen. So kam ich in den Genuß, am frühen Morgen die Frische und Schönheit der herrlichen Umgebung genießen zu können.

Wir hatten uns da ein wirklich schönes Stückchen Erde angelegt. Überhaupt, als die beiden Tannen, die links und rechts vom Eingang stehen, eine gewisse Höhe erreicht hatten. Die erste Pflanzung, wir hatten uns extra Bäumchen aus dem Erzgebirge mitgebracht, schlug fehl. Die Bäumchen verkümmerten. Erst Weihnachtsbäume aus Tontöpfen, die Leute weggeschmissen hatten, wuchsen zu stattlicher Höhe heran.

Die Pflanzung der Obstbäume nahm auch viel Zeit in Anspruch. Mußten doch Gruben von ca. einem Kubikmeter ausgehoben werden, die dann mit Muttererde und Kompost aufgefüllt wurden. Bauer Lubosch versorgte uns jedes Jahr mit einer großen Fuhre Mist. Vater mußte dann so ungefähr 40 Blechkarren hinterfahren und festtrampeln. Lockerer Mist verbrannte durch die entstehende Hitze zu schneeweißer Asche. Wir hatten in den ersten Jahren eigentlich gute Erfolge. Unsere Erdbeeranlage hatte einmal die Höchsternte von 190 Pfund im Jahr von 100 Quadratmeter Anbaufläche. Wir hatten unsere Erdbeerkunden, denn die Mengen konnten wir nicht essen und verarbeiten. Der Kindergarten, in den Ingrid ging, bekam auch seine Zuteilung. Ebenso von den Pfirsichen, die reichlich anfielen.

Die ersten Jahre waren fruchtbar. Wir hatten in der Nähe einen Gemüseladen, an den verkauften wir Petersilie, Dill, Knoblauch und Kürbisse. Die Ernte wurde von Jahr zu Jahr schlechter, und jetzt wächst manches gar nicht mehr. Den Nachbarn geht es aber auch so.

Schillers lieferten uns viele Jahre den Strom über einen Zwischenzähler, bis wir uns einen eigenen Anschluß bauen ließen. Wir verlebten viele schöne Stunden in unserem geliebten Garten, Geburtstage und Grillpartys. Dann kam noch die eigene Wasserpumpe, weil der Wasserpreis unbezahlbar wurde. So können Christa und Horst, wenn sie noch Glück haben und einige Erhaltungsarbeiten und Umbauten durchführen, noch 20 Jahre Freude am Garten haben.

Obwohl die Jahre sehr arbeitsreich waren, kam der Spaß nicht zu kurz. Wir waren vier Ehepaare, die zur Erheiterung immer Samstag abends zusammenkamen: Penkas, Niemaks, Blanks und wir. Meistens wurde bei Penkas gefeiert. Die hatten eine prima große Wohnung gegenüber von der Sandower Apotheke. Und da ging es immer lustig zu. An Alkohol und kleinen Leckerbissen, wie Schlachtschüsseln mit schön viel Knoblauch, wurde nicht gespart. Christa und Ingrid hatten im Alkoven eine kleine Bar eingerichtet und bedienten uns. War es Leichtsinn oder Mut? Wir tanzten immer um den riesigen Kachelofen, der bedenklich schwankte, aber nie einstürzte. Die Kinder von Penkas waren oft an diesen Abenden mit ihren Freunden und Freundinnen dabei. So war es eine schöne Mischung aus Jung und Alt und die Stimmung war trotz DDR prima. Aber einmal ging es bei einer Silvesterfeier bei Niemaks nicht so gut aus. Das Abendessen war gut. Die Getränke – Niemak kaufte immer Hochprozentiges, obwohl er nichts vertrug – waren auch in Ordnung. Doch bei der Knallerei gab es eine schöne Überraschung. Hermann Niemak hatte einen großen Feuerwerkskörper, einen Kanonenschlag, gezündet. Der rührte sich nicht, und Hermann faßte das Ding dummerweise an, es detonierte in seiner Hand. Da war die Silvesterstimmung wie weggeblasen. Niemaks Hand war verbrannt und trotz Mehl und Kühlen mit Wasser waren die Schmerzen nicht zu bannen. Die Gesellschaft löste sich bedauernd auf.

Auf dem Gerichtplatz hatten wir noch eine Begegnung mit einem volltrunkenen Glaser, der mit gefährlich spitzen Glasscherben nach uns warf. Wir gingen sehr früh schlafen.

Meine Frau hatte auch einige gesundheitliche Probleme. Erst machte ihr der Blinddarm zu schaffen. Da hatte sie so einen komischen Doktor, er hieß Scholz, der ihr empfahl, die Schmerzen durch Wärme zu lindern. Das trat auch ein, doch die Vereiterung wurde so schlimm, daß nur eine Notoperation das Schlimmste verhindern konnte. Später wurde ein Knoten in der Brust festgestellt. Eine Probe im Krankenhaus war aber negativ. Dann hatte sie einen Schatten auf der Lunge. Sie mußte ca. 500 Tabletten schlucken. Und das war dann der Auslöser für ihren Diabetes, was die Ärzte auch bestätigten. Die Mutter machte alle Stadien der Krankheit durch, von der Diät über leichte Tabletten, dann stärkere bis zum Spritzen von Insulin. Sie hat als Zuckerkranke das stolze Alter von 88 Jahren erreicht. 34 Jahre war sie Diabetikerin. Fast alle Bekannten sind vor ihr gestorben, z. B. die Martel Niemak, die doch keine Anzeichen einer Krankheit gezeigt hatte. Beim Fernsehen mit ihrem Mann ging sie auf die Toilette, und als sie nicht wiederkam, fand Hermann sie tot auf dem Fußboden. Er überlebte sie auch nicht lange, obwohl er doch auch keine Krankheitserscheinungen hatte. Frieda Penka hatte schon jahrelang mit ihrer Galle zu tun und alle paar Wochen Koliken. Es war kein Wunder, daß sie an dieser Verschleppung starb. Paul Penka klagte öfter über innere Blutungen. Ob man keine Diagnose stellen konnte? Er starb nicht lange nach der Frieda. Erhard Peinelt und Frau Klippel kannten wir auch gut, hatten aber nie Beschwerden bei ihnen bemerkt. Trotzdem starben sie nach kurzem Krankenhausaufenthalt an Lungenkrebs. Sie waren starke Zigarettenraucher. Erwin Kruhl hatte eigentlich immer mit dem Magen zu tun. Er heiratete dann noch eine Krankenschwester, die konnte seinen frühen Tod auch nicht verhindern. Seine Ex-Frau, meine Schwester, verstarb auch im besten Alter. Dann war noch die Schwester meiner Frau, die Käthe. Über sie wäre auch sehr viel zu berichten. Sie ist auch dahingegangen. Das ist eine makabre Aufzeichnung von Sterbefällen, bei der ich mich auch nicht wohl fühle. Aber als selbsterwählter Chronist konnte ich es nicht verschweigen.

Wir hatten auch viele schöne Erlebnisse und lebten ein normales Leben. Die Ehe verlief doch auch ganz gut, und wir hatten viel Freude an unseren Kindern und waren stolz auf sie. Wir wohnten immer noch in unserer Wohnung in der Franz-Mehring-Straße mit dem Verkehrsgetöse. Und im Sommer waren die Zimmer überhitzt. Als aber der Abriß der Häuser in der Nähe begann, wurden wir auch unruhig. Wir gingen immer wieder aufs Wohnungsamt, mußten aber fünf Jahre warten, bis wir eine schöne Wohnung in der Artur-Becker-Straße bekamen. Es war eine sogenannte P2-Wohnung im Plattenbau. Wir waren glücklich. Ich hatte allerdings einige Schwierigkeiten, war ich doch gerade am Leistenbruch operiert und mußte meine Kräfte vorsichtig einsetzen. Aber Schwierigkeiten sind schließlich dazu da, um sie zu überwinden. Es ging alles prima. Die Wohnung wurde renoviert. Horst mußte mit der alten Bohrmaschine 33 Löcher bohren. Ich baute den Keller aus und fuhr alles Zerbrechliche, wie Scheiben, Geschirr, Gläser, mit dem Fahrradanhänger in die neue Wohnung. Und an einem Freitag, dem 13., halfen uns die Ehepaare Hampel und Dahlke bei der Gestaltung unserer Wohnung. Die neue Behausung gefiel uns sehr gut, wenn man auch merkte, daß die Erbauer mit den Maßen sparten, um recht viele Wohnungen bauen zu können. Ein schöner Balkon. Herrliches Grün beim Blick aus dem Wohnzimmer. Straßenbahn nicht weit, Einkaufsmöglichkeiten, Post und Friseur in nächster Nähe. Welch gravierender Unterschied zur alten Behausung.

Nun möchte ich aber den Weg unserer beiden Apotheker weiter beschreiben. Wolfgangs Vater war ja Leiter der staatlichen Kreuz-Apotheke in Neugersdorf. So holte er seinen Sohn und die Schwiegertochter in seine Apotheke. Für die jungen Leute war die erste Behausung eine Notunterkunft. Ich machte als Maler alles ein bißchen frisch und kann mich noch ganz gut an das Plumpsklo erinnern. Nebenan war der Kaiserfleischer, der Fleisch und Wurst in guter Qualität lieferte, aber mit seinem ewigen Räuchergestank die Anwohner belästigte. Es ging alles vorüber. Dann der erste Ausbau der Wohnung im Haus der Eltern an der Hauptstraße. Die neue Wohnung, renoviert und mit neuen Möbeln bestückt, strahlte auch in der DDR einen gewissen Wohlstand aus. Wenn ich schreibe Haus der Eltern, so war das nicht ihr Eigentum. Nein, alle mußten Miete zahlen.

Nun wieder nach Cottbus. Wir bekamen doch die Buga, die Bundesgartenschau. Es sollte die Krönung der Ära des Oberbürgermeisters Kleinschmidt werden. Cottbus wurde aus der Anonymität geweckt. Fast die ganze Bundesrepublik weiß jetzt, wo das unscheinbare Cottbus liegt. Nicht zuletzt hat auch der sagenhafte Kampf der Fußballmannschaft Energie Cottbus dazu beigetragen. Kam sie doch im Pokal bis ins Olympiastadion zum Endspiel und stieg in die zweite Liga auf.

Zur Buga mußte sich Cottbus feinmachen. Und da wurden die Plattenbauten, die an der zum Bugagelände führenden Straße standen, rekonstruiert. Wir waren auch dabei und dachten mit Schrecken an die Unannehmlichkeiten der Bauzeit. Wir planten alles mögliche, um Dreck und Lärm zu mildern. Es wurden Folien und Klebebänder gekauft, und zum Tag des Beginns der Bauerei war alles eingehüllt. Mit einem Paukenschlag fing es an. Wir hatten zu Arbeitsbeginn fünf Handwerker in der Wohnung: die Fensterbauer, die Installateure, die Elektriker und die Tischler. Die geschonte Sanitäreinrichtung, wie Badewanne, Spülkasten usw., wurde rausgerissen. Kalt- und Warmwasserleitungen wurden neu verlegt. Die Elektrik wurde neu gemacht, einschließlich neuer Zähler, Klingel, Türöffner und Sprechfunk. Die Handwerker waren tüchtig und schafften alles trotz der Enge und die vielen Personen. Es schlichen sich einige Fehler ein, die aber alle im Laufe der Zeit behoben wurden.

Schlimm war die maschinelle Entfernung der Kiesel an der Fassade. Die war sehr geräuschintensiv und sehr staubig. Auch das Bohren von Hunderten Dübellöchern ging ganz schön auf die Nerven.

Christa hatte unsere Möbel so schön eingehüllt, daß nur wenig Staub entfernt werden mußte. Unvorsichtige Nachbarn hatten sehr viel Arbeit, weil sie ihre Schränke auch innen auswaschen und den Inhalt einzeln säubern mußten.

Mit der Malerfirma kam ich auch gut zurecht, obwohl ich den Chef ein schwarzes Schaf genannt hatte, weil er den Termin nicht eingehalten hatte. Ich nehme ja stark an, daß sich Herr Voß vorgedrängelt hatte. Der Chef war kein Unmensch, und als Kollegen Malermeister kamen wir uns ziemlich nahe. Er schickte mir seinen besten Maler, mit dem wir auch menschlich gut zurechtkamen. Und in Rekordzeit und höchster Qualität war unsere Wohnung renoviert. Der Chef kam dann noch persönlich und lackierte noch so einiges in der Küche. Mit dem Bauleiter freundete ich mich auch an, so daß wir gut über die Runden kamen.

Wir erholten uns langsam. Aber vielleicht sind durch die hohe Nervenbelastung bei Mutti die ersten Anzeichen für ihre Krankheit entstanden. Wir hatten einige Nachbesserungen. Der Bauleiter hatte seine Bude in der Dissenchener Straße, und so wurden wir prompt bedient. Am schlimmsten war die Verkleidung der Badewanne. Die sprang bei der leisesten Berührung immer ab. Viermal waren die Monteure da. Und als der Sohn des Installationschefs feststellte, daß eine Feder fehlte, wurde die bestellt, und wir haben bis jetzt Ruhe. Unser Toilettenbecken hatte auch eine Macke. Wahrscheinlich haben wir ein gutes westdeutsches bekommen, denn es läßt sich so wunderbar reinigen.

Und im Hintergrund wurde die unblutige Revolution, die sogenannte Wende, vollzogen. Darüber läßt sich viel berichten, und ich werde später noch viel davon erzählen. Die deutsche Einheit war da, zumindest auf dem Papier. Für uns zuerst das Schönste daran: die Westmark. Für uns Senioren war die Umtauschquote auch günstig. Wir hatten verhältnismäßig geringe Einbußen.

Aber ich möchte erst mal die Familienchronik fortführen. Ich weiß nicht, ob ich über die Geburt von Stephan Hampel, meinen Enkelsohn, berichtet habe. Der Vater meines Schwiegersohnes Wolfgang war ja verstorben und die Mutter dann auch. Die Schwester Ulli hatte in Neugersdorf geheiratet und Bruder Rainer in Greifswald. Er war Dozent an der dortigen Uni und wechselte dann nach Rostock. Er wurde Professor, und in seinem Spezialgebiet hielt er viele Vorträge im Ausland, auch im deutschen Fernsehen.

Aufgrund der neuen Verhältnisse hatten nun auch Wolfgang und Ingrid Gelegenheit, sich zu entwickeln. Es war natürlich ein bitterer Weg, sich durch den Dschungel der Gesetze, vor allem der Treuhand, durchzufinden. Über Einzelheiten weiß ich ja nicht Bescheid, nur über einige Tatsachen. Ingrid wurde für einen stolzen Preis Eigentümerin des großen Hauses mit Grundstück. Wolfgang baute die alte Apotheke aus. Und Ingrid hatte noch Gelegenheit, in einem Ärztehaus eine neue Apotheke einzurichten. Das hört sich lapidar an, aber welcher, Schweiß, Angst, Risiko und Nichteingeplantes waren an der Tagesordnung. Es hat sich alles bewährt. Wolfgang mit seinen hervorragenden Fähigkeiten als Manager hat Großartiges geleistet. Für mich ist auch die Wohnung der Hampels ein Traum. Nun studieren Bettina und Stephan schon ein paar Jahre Pharmazie und sorgen für die Zukunft der Familienbetriebe.

Ja, die „Einheit" war im Entstehen, von vielen Millionen Menschen in Ostdeutschland herbeigesehnt. Doch in unzähligen Verhandlungen war die alte Bundesrepublik dominant. Die Vertreter der neuen Bundesländer wurden einfach überfahren. Es wurden kurzsichtig viele Fehler gemacht. Die Konzerne frohlockten, konnten sie doch jetzt ihre Produkte in den Osten werfen. Die meisten Menschen in der ehemaligen DDR nahmen sie gierig an, obwohl sich einige unserer Erzeugnisse durchaus mit den westlichen messen ließen. Es brach vieles zusammen, die Treuhand hatte großen Anteil daran. Sie wickelte die Betriebe ab, wie es fachmännisch hieß. Die Bürokratie blühte auf. Wer hoffte, daß die Verfassung in einigen kleinen Dingen, im Hinblick auf die besondere Lage der hinzukommenden neuen Bürger, revidiert würde, ist schwer enttäuscht worden. Die Eigentumsverhältnisse sind so kompliziert geworden, daß heute nach so vielen Jahren noch Streitigkeiten die Gerichte beschäftigen. Die Ostbevölkerung ist als nicht ebenbürtig abgestempelt worden.

Die Aasgeier fanden hier viele Opfer. Mit unseriösen Angeboten lockten sie und verschwanden mit Hunderten Millionen. In der Ostbevölkerung machte sich auch ein falsches Demokratieverständnis breit. Die Betroffenen glauben, in der Demokratie sei alles erlaubt. Demokratie soll doch eigentlich Volksherrschaft sein. Die gewählten Vertreter des Volkes sind aber fast ausschließlich Juristen oder Mitglieder der höheren Klassen der Gesellschaft.

Wir hatten und haben aber die D-Mark und können fast alles kaufen, was produziert wird. Qualität war anfangs rar. Erst mußten die Ladenhüter weg. Die Riesenbrummis brausten und brummten und schleppten alles mögliche heran. Am schlimmsten traf es die Brücken, die ja für solche Mammutlasten nicht gebaut wurden und jetzt nach zehn Jahren vor dem Zusammenbruch stehen. Die nächsten Leidtragenden sind die Händler in den Innenstädten, die ja zum Teil überlebt haben, aber aufgrund der Verkaufsriesen auf den Wiesen nur dahinvegetieren. Aber man kann es den Autobesitzern nicht verdenken, da sie einen kostenlosen Parkplatz vorfinden und viel preisgünstiger einkaufen. In der finsteren Jahreszeit trauen sich die Fußgänger abends auch nicht in die Innenstädte, und damit bleiben die Kunden für die kleinen Geschäfte aus. Das Dilemma ist in Deutschland überall dasselbe, und Blumen oder Bäume oder schönes Pflaster auf den Straßen locken auch niemanden dorthin.

Nun hat Cottbus nicht einmal mehr ein Kino. In unserer Stadt dauert es sowieso immer etwas länger. Gottes Mühlen mahlen langsam, aber die der Cottbuser noch langsamer. Gallinchen war da pfiffiger und hat sich das Großkino gesichert. Die Cottbuser Kinos mußten zumachen, und nun geht das Gewurschtel um ein Großkino schon ein paar Jahre. Die Ufa ist ständig bereit, da mitzumachen.

Dafür haben wir in Cottbus außer den leerstehenden Wohnungen in den Plattenbauten jede Menge Luxus- und Eigentumswohnungen, die keinen Abnehmer finden. Die wurden gebaut, als die Gesetze so günstig waren, daß die Eigentümer auch bei Leerstand noch profitieren konnten.

Der Mensch ist das Produkt seiner Umwelt. Wir dürfen nicht vergessen, daß wir 40 Jahre in einem Arbeiter-und-Bauern-Staat gelebt haben und eingesperrt waren. Die Lebensbedingungen waren sehr primitiv. Die Bevölkerung war tapfer und hat sich ihr Dasein mit allen möglichen und unmöglichen Mitteln erkämpft. Ich malerte fleißig und war auch bei den Kunden anerkannt. Die Mutti, wir nannten sie nur Mutti, hatte ihre Aufgaben zu erfüllen. Sie mußte immer vier hungrige Mäuler füllen. Wir freuten uns über HO und später Intershop. Mit dem Westgeld sah es bei uns ziemlich kläglich aus. Wir kamen nur zufällig da ran.

Mutti war tüchtig. Sie war auf allen Gebieten bewandert und machte aus allem möglichen etwas. Sie strickte und stickte, kochte und backte Kuchen. Ich als Ehemann mußte vor den Feiertagen immer helfen, Schränke abzurücken und dergleichen. Vor zehn Uhr abends war da kein Feierabend. Gott sei Dank gab es damals noch kein Fernsehen, aber Radio. Die Sendungen waren nicht schlecht. Unsere Mädels, die Christa und die Ingrid, schwärmen noch heute von den Krimis im dunklen Schlafzimmer, die wir vor dem Einschlafen hörten. Wir hatten also auch schöne Erlebnisse.

Ich war Gartenfan geworden. In früher Jugend, als Opa Jüttner noch seinen Garten hatte und wir hundert Schlag pumpen mußten, konnten wir nur unter Drohungen in den Garten getrieben werden. Das hatte sich vollkommen geändert. Das Gartengrundstück war das A und O für mich geworden, und Mutti fühlte sich auch wohl da draußen. Es ist ja auch eine wunderschöne Gegend. Mutti fuhr wie ich in den ersten Jahren mit dem Fahrrad. Als sie nicht mehr so sicher auf dem Rad war, liefen wir viel oder fuhren mit dem Bus. Wir haben herrliche Stunden in unserem Garten verlebt, waren doch Hollywoodschaukel, Sonnenschirm und Gartenmöbel vorhanden. Wir feierten mit der Großfamilie Geburtstage und Grillparties. Die Ernte war immer mit viel Arbeit verbunden. Sorgen machten uns die Äpfel, Birnen und Pflaumen, die wir an den Mann bzw. die Frau bringen mußten. Der nahe gelegene Bäcker nahm uns auch Äpfel und Kirschen für seine Backwaren ab.

So vergingen die Jahre sehr schnell und ließen uns die Nachteile der Diktatur vergessen. Wir hatten eine schöne Wohnung, und als die Wende kam, ein ganz anderes Leben. Leider baute Mutti, weil sie doch schon so lange Diabetes hatte, zu schnell ab. Die Krankheit wirkte sich vor allem auf die Augen aus und sie konnte immer schlechter sehen. Christa mußte vieles in der Wohnung machen und wusch dann die ganze Wäsche. Ich wurde Hausmann, kochte fast alles und war auch für die anderen Mahlzeiten und den Einkauf zuständig. Wir klagten immer darüber, daß wir so alt wurden. Es ist doch nicht mehr das richtige Leben. Wir hatten Geld und konnten nicht einmal mehr verreisen.

Ingrid und Wolfgang holten uns ja hin und wieder nach Neugersdorf, vor allem zu Weihnachten. Das tat wohl. Ein paar Tage mal wieder in einer komfortablen Wohnung. Wir wurden verwöhnt. Unser Schwiegersohn zeigte uns bei Autotouren seine Heimat. Wir kamen nach Oybin, Waltersdorf, Jonsdorf und in viele andere Orte. Auch die nähere Tschechoslowakei lernten wir kennen. Wir waren sogar im Riesengebirge. Es waren schöne Tage.

Leider tickte unsere Lebensuhr immer mehr dem Ende entgegen. Besonders bei unserer Mutti zeigte sich das deutlich. Sie verlor an vielem das Interesse. Sie hatte so gerne Magazine gelesen. Bei ihren schlechten Augen war das schwierig. Sie las so gerne über das Schicksal der Prinzessin Diana. Und wir versäumten keinen Beitrag im Fernsehen darüber. Ich stellte dann den Stuhl so 1,50 Meter vor den Bildschirm, weil ihre Augen immer schwächer wurden.

Ihr Interesse am Fernsehen ließ immer mehr nach, so daß sie schon um sieben Uhr ins Bett ging. Hier zeigten sich schon die ersten Anzeichen der Alzheimer-Krankheit, was wir aber noch nicht wußten. Ihr Zustand verschlechterte sich ganz allmählich. Christa fuhr aber immer noch mit ihr mit dem Taxi zur Friseuse und zur Gynäkologin.

Was der Auslöser war, wissen wir bis heute nicht. Christa fuhr mit Mutti zur Gynäkologin, und als sie zurückkamen, war die Mutti ihrer Ansicht nach nicht in ihrer, sondern in einer fremden Wohnung. Es muß in ihrem Gehirn eine Fehlschaltung ausgelöst worden sein, und wir wurden mit diesem Zustand konfrontiert. Die Mutti war nicht mehr zu Hause und versuchte mit allen Mitteln, in ihre angeblich richtige Wohnung zu gelangen. Sie zog sich ihre Schuhe und den Mantel an und wollte irgendwohin. Wir versuchten ihr klarzumachen, daß sie ja in ihrer eigenen schönen Wohnung sei. Wir zeigten ihr Gegenstände, die das beweisen sollten. Es hatte alles keinen Zweck, sie wollte raus. Wir schlossen die Wohnungstür ab und versteckten ihre Sachen. Ein fortwährender Kampf, die Mutti wollte in ihre richtige Wohnung. An ein Familienleben war nicht mehr zu denken. Christa kam dreimal am Tag – früh, mittags und abends. Sie blieb dann bis gegen acht Uhr.

Ich habe Mutti öfter eine Radedorm-Schlaftablette gegeben, damit ich ein bißchen fernsehen konnte. Aber die wirkte manchmal gar nicht und Mutter kam um neun Uhr mit ihrer Stabtaschenlampe, die sie einwandfrei bediente, und wollte auf die Toilette. Frau Doktor Fechner hatte ein flüssiges Medikament verschrieben, was aber gar nicht half. In der ersten Zeit ging ja Mutti mit Hilfe ihrer Lampe noch allein auf die Toilette. Ich mußte aber aufpassen, sonst legte sie sich im Wohnzimmer auf die Couch. Später, als ihre Kräfte nachließen, mußte ich sie drei- bis viermal ins Bad und wieder in ihr Bett bringen. Dann kam die naheliegende Idee mit dem Schieber. Weil der ja nur im Sitzen anzuwenden war, knotete ich eine starke Schnur an den Heizkörper, und so konnte sich die Mutti etwas anheben und ich den Schieber rein- und rausziehen.

Tagsüber saß sie dann auf der Couch. Sie mußte aber sehr oft zur Toilette gebracht werden, weil sie so einen Drang hatte. Mutti mußte immer mehr gestützt, beinahe getragen werden. So ging das fünfeinhalb Wochen. Christa hatte gleich Anträge auf Pflegeversicherung und Heimaufnahme gestellt. Das zog sich immer wieder hin. Nun war die Leiterin des Riedel-Stiftes noch im Urlaub, und wir mußten warten.

Inzwischen waren wir am Ende unserer psychischen und physischen Kräfte. Endlich die Aufnahme in den Riedel-Stift. Muttis Geisteszustand war inzwischen so verwirrt, daß sie nicht mehr von der fremden Wohnung sprach. Sie ließ alles so über sich ergehen und wurde mit der Taxe ins Heim eingeliefert. Unsere schöne Couch konnten wir auch mitnehmen. Vielleicht ist es ganz gut, daß Mutti nicht mehr im Bilde war, was mit ihr geschah. Die Schwestern hatten mit ihr viel Arbeit, zog sie sich doch manchmal nackend aus. Christa hatte den größten Anteil an der Betreuung. Da sie in der Nähe wohnte, war sie oft bei Mutti. Ich fuhr hin und wieder mit der Taxe ins Heim. Mir krampfte sich jedesmal das Herz zusammen, wenn ich dieses Häufchen Elend sah. Hatte man doch so viele Jahre lang Glück und Leid miteinander erlebt – und jetzt das würdelose Ende. Es ging immer schneller bergab mit dem bißchen Leben, was noch in dem ausgemergelten Körper steckte. Das Ende war abzusehen, sehr wenig Essenaufnahme und wenig Trinken. Der ausgedörrte Körper versagte, und Mutti verstarb am 29. Januar 1998.

Das Gefühl bei einem so einschneidenden Erlebnis läßt sich nicht schildern. Es drückt einen so nieder, wie ein Schlag, und läßt einen nicht los. In jedem ruhigen Augenblick, auch nachts, würgt es einen in der Kehle. Man spürt die leere Stelle nebenan im Bett und hört trotzdem Geräusche, die unerklärlich sind. Es dauert sehr lange, bis man sich mit diesem Zustand abgefunden hat. Es ist Schicksal, und es kommt keiner daran vorbei, und trotzdem klagt man es an.

Warum das alles? Wenn man selbst nicht mehr viel Zeit hat, grübelt man immer noch mehr darüber.

Christa hat alles geordnet. Es sind ja so viele Formalitäten zu erledigen. Hier noch mit dem Heim. Die Beerdigungsinstitute nehmen ja den Hinterbliebenen viel Lauferei ab, aber es ist so viel Behörden- und Schreibkram zu erledigen, daß wir Christa sehr dankbar sind, daß sie alles so wunderbar erledigt hat. Sie hatte Glück, so eine wunderbare Grabstätte zu kriegen, wo mein Platz auch schon vorgesehen ist. Mutti ruht an einer sehr schönen Stelle auf dem Südfriedhof.

Die Beerdigung verlief in aller Stille. Christa ließ auch einen sehr schönen Grabstein anfertigen und machte die Grabstätte urbar und bepflanzte sie. Ingrid tat auch ihr Möglichstes, aber durch die weite Entfernung konnte sie ja nicht soviel helfen.

Jetzt kamen aber die Nachwirkungen der Überanstrengung bei der Pflege von Mutti an meiner Person. Meine chronischen Rückenschmerzen verstärkten sich derart, daß ich nicht mehr ohne Krücken auf die Straße konnte. Wolfgang und Ingrid sorgten mit Hilfe von Frau Doktor Fechner dafür, daß ich von der AOK einen Gehwagen bekam, der mir auch schon große Hilfe geleistet hat. Mein Immunsystem muß dermaßen geschwächt gewesen sein, daß ich einem Zusammenbruch nahe war. Mein Herz machte nicht mehr mit und reagierte mit Rhythmusstörungen. Es schaffte den Kreislauf nicht mehr und füllte meine Beine bis über die Waden mit Wasser. Sie waren steinhart. Eine ziemliche Bronchitis machte mir wochenlang zu schaffen. Nicht nur die körperliche Überlastung, sondern auch das Seelische wird dazu beigetragen haben.

Weihnachten holte man mich nach Neugersdorf, und ich wurde von der in Ingrids Haus praktizierenden Ärztin gründlich untersucht. Aufgrund des Befundes, mein Herz war anormal vergrößert und arbeitete unregelmäßig, wollte Frau Doktor Schnabel mich gleich ins Krankenhaus nach Herrnhut einweisen. Ich wollte aber nicht über die Feiertage dort liegen, denn erfahrungsgemäß wird ja an Feiertagen sowieso nichts gemacht.

So wurde ich einen Tag vor Silvester wieder nach Hause gebracht. Ich fühlte mich nicht besonders wohl und versuchte, ins Cottbuser Krankenhaus zu kommen, um mich eventuell medikamentös einstellen zu lassen. Ich drückte die Notruftaste am Telefon, und bald war das rote Auto mit vier Personen da. Ich bekam auf der Fahrt einen Tropf und Sauerstoff. In der Notaufnahme wurde ich stundenlang untersucht. Es reichte aber nicht aus, um mich ins Krankenhaus aufnehmen zu können.

Frau Doktor Schnabel hatte ja angeboten, mich ins Herrnhuter Krankenhaus einzuweisen. Sie kannte dort einen Oberarzt sehr gut und hatte auch sonst gute Beziehungen zum Haus.

Ich bekam das Zimmer, in dem nur zwei Betten waren. Das war schon eine Bevorzugung. In dem Zimmer war der einzige Fernseher, allerdings nur zwei Programme, und die Lautstärke ging nicht zu regeln. Das Krankenhaus war ein Altbau, aber sehr sauber, das Personal sehr freundlich und das Essen auch prima. Ich konnte meinen Gehwagen benutzen und war schon aufgrund dessen im ganzen Haus bekannt.

Da man mich gründlich untersuchen wollte, hat man mich durchgecheckt. Ich habe mal eine kleine Aufzeichnung gemacht, was man mit meinem armen Körper alles angestellt hat: eine Ultraschalluntersuchung des ganzen Körpers, die ersten Tage dreimal EKG, fahrbar, später einmal täglich, Blutsenkung, Blutgruppenbestimmung, dreimal Untersuchung auf Zucker, diverse Ohrblutproben, tagelang Spritzen in den Bauch, dreimal täglich Blutdruckmessung, Langzeit-EKG über 24 Stunden, drei Tage Stuhluntersuchungen, Prostatauntersuchungen, Herz-EKG usw. Ich kann mir vorstellen, daß die Cottbusser AOK einen kleinen Schrecken beim Empfang der Rechnung bekommen hat.

Die Ärzte mußten doch aber die Einstellung auf die Medikamente gut gemacht haben, denn lange Zeit war mein Blutdruck erträglich, und mein Herz hat sich erholt, ich habe keine Rhythmusstörungen mehr. Nur der Blutdruck macht mir neuerdings zu schaffen. Während die ersten Werte im erträglichen Rahmen bleiben, sind die zweiten Werte immer zu hoch. Frau Doktor will versuchen, das wegzukriegen.

Ich bin Single. Ich bin allein und habe mir einen festen Tagesplan zurechtgeschustert, um kleine Pflichten zu haben und die auch pünktlich zu erfüllen. Jeder normale Mensch braucht Aufgaben, um überhaupt einen Sinn im Leben zu sehen. Fehlen die Aufgaben und ist alles ringsum weggebröckelt, erscheint alles sinnlos. Das hohe Alter und die chronischen Behinderungen lähmen alle Energie. Vor 20 Jahren wäre das Singledasein noch erträglich gewesen, hätte man alle Möglichkeiten nutzen können, das Leben noch interessant zu gestalten. Jetzt ist die Ähnlichkeit mit einer komfortablen Gefängniszelle mit eventuellem Freigang nicht von der Hand zu weisen. In düsteren Augenblicken sogar die Zelle eines zum Tode Verurteilten. Da ist aber noch ein gewisser Unterschied zwischen den Häftlingen. Der jüngere Verurteilte, der sein Leben noch vor sich hat, ist von der Tatsache seines grausamen, frühen Todes zerschmettert. Der Alte, der sein Leben recht oder schlecht hinter sich hat, sieht im Tod die Erlösung.

Das sind so meine Gedanken, die immer wieder zwischen der Betäubung durch die Fernsehröhre oder ein gutes Buch auftauchen. Inzwischen muß ich mich durch den sturen Tagesablauf am Leben halten.

Ich halte es nicht länger als bis halbsieben Uhr im Bett aus. Also in die Küche, Tabletten schlucken und die Butter aus dem Kühlschrank. Ins Bad – Zähne putzen. Oberkörper kalt waschen. Fast immer das Geschäft erledigen. Anziehen; die Fenstervorhänge zurückziehen. In die Küche. Ein Roggenbaguette auf den Toaster legen und umdrehen. Filter in die Kaffeemaschine, Portion gemahlenen Kaffee in den Filter, Wasser einfüllen, anstellen. Inzwischen das Tablett fertigmachen. Teller, Messer, Kochkäse, Frühstücksquark und Butter. Dann wird gefrühstückt.

Wenn es das Wetter zuläßt, wird eine Rundfahrt mit dem Gehwagen gemacht, sonst in der Wohnung 20 Minuten lang gekurvt.

Es sind vier Routen draußen festgelegt, die im Wechsel abgefahren werden. Dann wird das Fernsehprogramm für Nachmittag und Abend aufgeschrieben. Zeitungsstudium anschließend. Nun wird für die Abendmahlzeit vorgearbeitet. Salate vorbereiten, eventuell Zwiebeln schneiden. Eingefrorenes auftauen. Dann für das Mittagessen vorbereiten. Brettchen, Besteck, Kompott und Wasser für die Mittagstabletten. Bei zu flüssigem Essen werden Weißbrot und Wiener kleingeschnitten.

Wenn alles normal verläuft, ist es nicht mehr lange bis zum Essenempfang. Ich halte mich dann am Schlafstubenfenster auf und kann die Essenbringer schnell einlassen. Essen und abspülen und dann das tägliche Schreibpensum. Wenn's geht, jeden Tag eine Blockseite. Um elf Uhr Mittagsschlaf halten ist ein wenig zu früh.

Dann wird die Mittagsruhe eingehalten. Da werden ein oder zwei Johanniskrauttabletten eingenommen, und eine Stunde wird rumgedöst. Sollte man ein bißchen unpäßlich sein, wahrscheinlich durch krassen Temperaturwechsel, wird eine halbe Radedorm genommen, eine Viertelstunde richtig geschlafen, und beim Erwachen fühlt man sich wieder richtig wohl. Daran schließt sich ein Gehwagenspaziergang an. Bei warmem Wetter ein Gespräch mit Anni und Hildegard auf einer Bank am kleinen Markt. Anni ist 90 Jahre alt, Hildegard 82.

Dann ist Kaffeezeit. Es werden zwei Plus-Brötchen auf dem Toaster frisch gemacht und mit diversen Aufstrichen beschmiert. Mal gibt es auch Kuchen, wenn er durch die Töchter gerade anfällt. Nun ist etwas Fernsehen fällig. MDR ist der beliebte Sender. Er strahlt um 16 Uhr „Nach 4" aus. Eine sehr beliebte Sendung, die auch im Westen viel gesehen wird. Wenn nicht gerade Sport ist, kommt Ohrner. Am Wochenende ist es sehr schlecht. Da fallen die für mich schönen Sendungen flach.

Nach 17 Uhr wird „geabendbrotet". Bin um halb sieben Uhr schon im Schlafanzug; Nickerchen im Bett. Ich bin auch schon ein paar mal eingeschlafen, aber gegen halb sieben Uhr von einer inneren Stimme geweckt worden. Ab halb sieben Uhr Nachrichten. RTL, MDR und ORB. Das Abendprogramm habe ich ja schon früh aufgeschrieben. Ich bevorzuge Sendungen mit Untertiteln. Denn trotz Kopfhörer geht mir viel verloren. Viele der massenweise neuen Schauspieler wären früher bei der Prüfung durchgefallen. Man legt heute auf eine deutliche Sprache keinen Wert mehr.

90 Jahre sind vergangen, mit soviel Freud und Leid. Da tauchen doch die Fragen auf, warum das alles. Vielleicht ist das Ende auch das Schlimmste. Jetzt sitzt man in seiner Wohnung, die doch gar nicht so schlecht ist. Das Materielle ist geregelt. Das Mittagessen kommt regelmäßig auf Rädern. Die gute, fleißige Cottbuser Tochter sorgt für die Sauberkeit, auch der Wäsche, und noch viel mehr. Doch der Single ist weitgehend von der Welt isoliert. Die Ehefrau ist nach schwerer Krankheit verstorben. 65 Jahre haben sie zusammengelebt. Bis der Tod sie trennte, wie es ja die Kirche auch fordert. Sie haben sehr viel erlebt. Es gab natürlich auch Auseinandersetzungen. Eine Ehe fordert viel Toleranz von beiden Seiten. Das Zusammenleben von Mann und Frau ist eben nicht so einfach. Frau und Mann sind nun einmal verschieden gestaltet, körperlich und seelisch. Es ist gut, wenn ein Partner diplomatischer, nachgiebiger ist. So kann man sich auch so ein langes Zusammenleben erklären. Nun ist es damit aus. Ich fühle mich einsam und unglücklich. Ich lebe nur noch nach Terminen und finde mein Dasein sinnlos. Nun möchte ich noch einen Rest Selbstverwirklichung retten und schreibe meine Gedanken nieder. Vielleicht liest sie doch mal jemand und findet das Geschreibsel interessant.

Dabei hatte doch alles ziemlich normal begonnen. Der junge Jüttner hatte Sehnsuchtsgefühle nach der fernen weiten Welt, wie so viele andere Bewohner dieser Erde. In ihm regten sich auch die fleischlichen Gelüste, die ihn beunruhigten. Wir wohnten bei einer Bauernwitwe in Bagenz in einem größeren Zimmer. Frau Simmank hatte eine Tochter, die Hanni, die so in meinem Alter war und auf die ich so insgeheim ein Auge geworfen hatte. Mein Vater hatte mit dem Gut ein Abkommen betreffs Waldarbeiten getroffen. Da Hanni Arbeit suchte, schickte mein Vater sie mit mir in den Wald. Wir hatten die Aufgabe, vom Förster gezeichnete Bäume zu fällen, sie zu entästen, auf den Weg zu ziehen, in Meterstücke zu sägen und aufzustapeln. Es war ein milder Winter. Wir arbeiteten fleißig, machten uns auf kleinen Feuerchen unseren Kaffee und Mittagbrot warm. In mir kochte die Begierde. Es war keine Liebe. Aber das stramme Mädchen zeigte so oft ihre Rundungen und steigerte meine Sehnsucht, die ich mir in den Nächten immer wieder vor Augen führte. Ich war schüchtern, sagen wir mal feige, und es kam nicht mal zu einem Kuß. Das war mein erstes sexuelles Erlebnis.

Viele Jahre war nichts. Doch dann kam ich durch Hilfe meiner Schwester zu meiner ersten Liebe. Meine Schwester lernte einen jungen Mann kennen. Der hatte auch eine Schwester, und so kamen wir jungen Paare zusammen. Es war in der Dunkelheit. Wir saßen auf einer Bank. Und siehe da, wir küßten uns leidenschaftlich. Ich habe in dieser Nacht die Technik des Küssens erlernt. Trudel Zech, so hieß die Partnerin, hat mir alles Notwendige beigebracht. Wie lange wir dort zugebracht haben, entzieht sich meiner Kenntnis. Ich war selig und natürlich verliebt. Wir kamen an den Wochenenden zusammen. Ich als schlechter Tänzer ging sogar mit tanzen, bei Kaisers. Trudel nahm mich zu ihren Eltern mit. Sie hatte eine Kammer als Zimmerchen und zeigte mir voller Stolz eine Nähmaschine, die ihr Eigentum war. Wir küßten uns natürlich ausgiebig.

Die Eltern Zech waren ganz einfache Leute. Der Vater fuhr einen Lkw, mit dem er mich auch einmal auf eine Lieferfahrt mitgenommen hat. Mit Trudel war es aber doch nicht das Richtige. Sie hatte so viele Bekannte, und da ich mir aus dem Tanzen nichts machte, tanzte sie mit den anderen. Ich wurde eifersüchtig. Das Verhältnis kühlte sich ab und erledigte sich dann. Ich habe mit Trudel keine sexuelle Beziehung gehabt. Sollte es sich doch bewahrheiten, daß die Venus in meinem Horoskop von Saturn beherrscht wird?

Ich habe mich etwas mit der Astrologie beschäftigt und Literatur gekauft. In dieser verrückten Zeit habe ich auch ein Vierteljahr die Times abonniert. Der Briefträger kam aus dem Verwundern nicht heraus. Ich hatte einige Kenntnisse im Englischen, weil ich einen Lehrgang der Methode Mertner mitgemacht hatte.

Das Männliche in mir drängte mich immer wieder, trotz meiner unbeschreiblichen Schüchternheit, mit geeigneter Weiblichkeit Kontakt aufzunehmen. Die Gelegenheit kam. Ich war in der Villa der Witwe eines hohen Bahnbeamten. Er war, glaube ich, sogar Präsident. Es war die gleiche Villa, in der unsere gute Zahnärztin später ihre Praxis einrichtete. Ich war dabei, ein Zimmerchen zu tapezieren. Die Auftraggeberin ließ sich von Müller und Dintelmann (Teppiche, Gardinen und Tapeten) einen Fachverkäufer mit diversen Musterbüchern kommen. Nach langem Suchen entschied sich die Dame für eine Öldrucktapete, die Rolle für 0,35 Mark. Ja, so was gab es damals tatsächlich. Mir ging es aber nur um das hübsche Dienstmädchen, das ich tatsächlich zum Kinobesuch einlud. Wir waren spät dran. In den Kammerlichtspielen waren nur noch Karten oben seitlich von der Leinwand zu bekommen. Sie waren teuer, aber wir hatten keinen

Genuß an der Aufführung. Hans Albers, in der Hauptrolle, war nur ganz dünn und langgezogen zu sehen. Eine Pleite. Wir schlenderten durch das nächtliche Cottbus bis zur Villa. Dort angekommen, stellten wir uns in den dunklen Hausflur und unterhielten uns mühsam. Ich konnte meine Hemmschwelle nicht überwinden. Wir kamen nicht mal zum Küssen. Nur gut, daß das Zimmerchen fertig war und ich dem Mädchen nicht bei Tageslicht zu begegnen brauchte.

Erfahrung sammelte ich durch ein anderes Erlebnis. Ich studierte die Heiratsanzeigen in der Zeitung. Die Anzeigen waren nicht so romantisch wie heutzutage. Da wurde nicht von Kerzenschein gesprochen oder vom Kuscheln. Die Anzeigen waren sachlich und ernüchternd. Und ich hatte Lust, mal mitzumachen. Ich schrieb an die Zeitung. Zog meinen guten Anzug an und stellte mich am festgelegten Treffpunkt ein. Ich sollte mich mit meiner Partnerin vor dem Café Engemann treffen. Eine ziemlich korpulente junge Dame näherte sich mir. Ich konnte meinen Schrecken verbergen und lud sie ins Café ein. Bei einer Tasse Kaffee redeten wir über alles mögliche. Da ich ja nicht so begeistert war, schleppte sich das Gespräch mühsam hin. Da ich ein nochmaliges Treffen unbedingt vermeiden wollte, war ich sehr vorsichtig. Wir trennten uns vor dem Café. Am nächsten Morgen bekam ich von meinem Chef den Auftrag, in der Villa Grünebaum, Textilfabrik in der Parzellenstraße, ein Zimmer zu renovieren. Ich rückte mit einem Lehrling und den nötigen Utensilien an und begann zu arbeiten. Ich glaube, mein Herz stand still, als plötzlich die kleine Dicke von gestern auftauchte. Sie war Köchin bei Grünebaums. Noch schlimmer war es, als sie mir ein opulentes Frühstück auf einem Tablett brachte. Noch schlimmer, daß der Herr Grünebaum in dem Augenblick ins Zimmer trat und die Dicke runterputzte. Ich habe das Zimmer fertiggemacht, aber die Köchin durfte es nicht mehr betreten. Das hatte sich Herr Grünebaum erbeten. Für mich ein paar peinliche Tage.

Ich muß doch ein ganz passables männliches Wesen gewesen sein – hätte ich doch sonst nicht so viele Avancen von den weiblichen Bekannten bekommen. Gerade als Maler kommt man ja in die Schlafzimmer der Kunden. Was soll man da machen, wenn sich die junge Frau in voller Länge aufs Bett wirft? Zwei Kundinnen hatten mich mal zu einer Obstweinverkostung eingeladen. Eine Frau eines Tierarztes und Frau Klisch. Wir tranken fröhlich, und in angeheizter Stimmung erklärten mir beide Frauen eindringlich, wann ihre Männer nicht anwesend seien und ich sie dann besuchen könnte. Frau Tanneberger machte mir auch klar, daß sie nicht abgeneigt wäre. Evi Bock, sie war damals noch sehr jung, forderte mich direkt auf. Ihre Mutter, die alte Bocken, konnte da nicht zurückstehen. Frau Zaunig, die Frau eines Kriegskameraden, sagte mir, wenn es ein Mann einmal sehr nötig hätte, brauche er bloß zu ihr zu kommen. Ist das nun die allgemeine Lage hinter den Kulissen, oder sind das Ausnahmen? Wenn ich der wüste Mann gewesen wäre, hätte ich eine Menge Seitensprünge machen können.

Ja, so als Handwerker erlebt man so allerhand. Wir lebten in der Zeit der gnädigen Frauen und der zwei Eingänge zu hochherrschaftlichen Wohnungen. Da mein Chef ja meist solche reichen Kunden hatte, kam ich oft mit den Bessergestellten in Berührung. Neben dem Spremberger Turm war so eine exklusive Wohnung. Ich mußte im Treppenhaus frühstücken. Natürlich im Dienstbotenaufgang. Als aber dann das Klo verstopft war, die Würstchen schwammen alle oben, und die Kundin mich aufforderte, mal mit meinem Arm reinzugreifen, war die Schmerzgrenze erreicht. Ich bat meinen Chef, mich von dieser Arbeitsstelle abzulösen.

Da habe ich an die gnädige Frau Franke nur angenehme Erinnerungen. Frankes hatten in Peitz eine Wollweberei. Ihnen gehörte das große Haus am Berg am Berliner Platz, in dem sie später auch wohnten. Ich war Stamm-Maler bei Frau Franke, obwohl ich nicht viel zu malen hatte. Frau Franke schätzte den Malerdreck nicht und ließ nur immer ausbessern. Ich mußte schwarze Flecken an den Decken, die von der Heizung stammten, ausbessern. Das war eine Hundearbeit. Ich wandte da alle möglichen Tricks an und arbeitete teilweise mit dem Spritzapparat. Leider sahen das auch die bekannten gnädigen Frauen, und ich mußte auch bei ihnen die Kunststücke vollbringen. Ich war langsam sauer. Jedes Jahr im Frühjahr mußte ich mit einem Naturprodukt sämtliche Türen und die Küche, die ganz in Öl gestrichen war, abwaschen. Da durfte kein Dienstmädchen ran. Ich bekam meine Mahlzeiten und beim Schluß der Arbeiten eine 25er Schachtel Reemtsma-Zigaretten, obwohl ich Nichtraucher war. Herr Franke war auch nicht schlecht, er kaufte mir ein kleines Ölgemälde für 150 Mark ab. Ich hatte in Rußland ein kleines Mädchen porträtiert.

Im Zusammenhang mit den Erklärungen über Arbeiten bei den Kunden möchte ich auch einiges über meinen Arbeitgeber Emil Schulz erzählen. Er war ein ganz eigentümlicher Typ. Er hatte keine Meisterprüfung, aber aufgrund seines Alters durfte er Lehrlinge ausbilden. Er war ein tüchtiger Maler. Ich habe eine Menge von ihm gelernt, vor allem Holzmalerei, Vergolden und Schleiflack. Schulz war ein peinlich sauberer Handwerker. Seine Werkstatt war ein Schmuckstück. Von dem Tisch, wo er die Farben zusammenrührte, konnte man essen, so blank gewischt war er. Wenn ich an meinen Lehrmeister und an Pinsel, Geräte und Leitern denke, es war alles nur Schrott. Schulz hatte ein Haus in der Wernerstraße. Leider ohne Einfahrt. So mußten der Malerwagen,

Fässer und dergleichen durch den Hausflur transportiert werden. Der Chef hatte die Eigenart, da war er nicht der einzige, die Uhr in der Werkstatt früh vorzustellen und nachmittags wieder kräftig zurück.

Sein Lehrling Hannuschke hatte ihm wohl den letzten Nerv geraubt. Der packte für seine Schwarzarbeiten Materialien ein, und wenn Schulz was sagte, regte er sich auf: „Sie denken wohl, ich klaue." Der Chef beschwichtigte ihn dann. Hannuschke war kriminell eingestellt. Er kriegte es fertig, sein defektes Rad vom Fahrrad gegen ein zufällig im Flur stehendes auszutauschen. Eine Ladenbesitzerin beschwerte sich bei mir. Er hatte ihren Ladentisch mit Leimfarbe angeblich „lackiert". Schnelles Geld.

Emil Schulz war ein kühler Rechner. Weihnachten wurden seine Angestellten belohnt. Ich bekam fünf Mark Weihnachtsgeld. Im nächsten Jahr eine Packung Burk-Braun-Pralinen für 3,50 Mark. Und dann hatte er einmal vergessen, den Zettel rauszunehmen, die Packung war nachgefüllt, für 1,50 Mark. Mein Chef war eigenartig.

Eine Begebenheit muß ich noch erzählen. Wir strichen bei Michovius Fenster. Michovius war eine große Textilfirma. Die Wohnung war im Patzeltschen Haus in der Bahnhofstraße. Die Kinder spielten mit echten Fünfmarkstücken in der Diele. Kollege Fröse strich ein Fenster in einem kleinen Zimmer nach der Straßenseite. Er stellte den Farbtopf so ungeschickt ab, daß ihn der Fensterflügel beim Durchzug, der durch das Öffnen der Tür entstand, nach außen runterwarf. Der Farbtopf ergoß seinen weißen Inhalt über Sträucher und Zaun des Vorgartens. Ein wenig erfreulicher Anblick. Ein paar Minuten später kam Schulz, sah nichts, ging zu Fröse ins Zimmer, der in seiner Angst immer wieder mit seinem trockenen Pinsel über das Fenster strich. Der Chef unterhielt sich noch mit Fröse und mit mir und ging dann bald wieder. Er hatte nichts von dem Unfall bemerkt. Wir hatten ganz schön zu tun, um die Spuren des Unheils zu beseitigen. Wir waren natürlich froh, daß der Chef wieder einmal seine Eigenart bewiesen hatte.

Ich fuhr während meiner Zeit bei Schulz nach Frankfurt/Oder und unterzog mich der Meisterprüfung. Ich bestand mit „Gut". Reaktion darauf von Herrn Schulz: Mein Stundenlohn stieg von bisher 0,73 Mark auf 0,74 Mark.

Ich weiß nicht, wie es dazu kam. Ich hatte doch wenig Lust zum Tanzen. War es der Trend der Zeit? Jedenfalls meldete ich mich bei der Tanzschule Brosatis zu einem Kursus an. Jeder, der es sich irgendwie leisten konnte, belegte solche Kurse. Die Mutti hatte ja auch bei Brosatis ihr Tanzwissen verbessert. Die Veranstaltungen fanden im Saal des Lokals Utz an der Spree statt. Der Saal war groß und schön, und im wunderbaren Garten fanden viele Konzerte statt. In den lauen Sommernächten war da was los. Cottbus war damals sehr lebendig. Wir probten, unter Anleitung der Tanzlehrer, die damals gängigsten Tänze: Walzer, Tango, englischen Walzer, Polka usw. Außerdem wurden wir ein bißchen aufgeklärt über das feine Benehmen. So ein Kurs kann ja nicht so viel bieten. Dazu ist er zu kurz. Die Hauptveranstaltung war der Abschlußball. Die Teilnehmer wurden in Paare aufgeteilt. Jeder junge Mann bekam eine Dame, die er eigentlich mit der Taxe zum Lokal abholen sollte. Bei mir klappte das nicht so und ich traf mich mit meiner Partnerin im Lokal. Was anziehen? Man mußte doch schon etwas vornehm auftreten. Meine Rettung war Fröse, mein Kollege. Sein Vater war Ober in einem feinen Lokal, sehr gutmütig. Der pumpte mir seinen Smoking. Da wir beide die gleiche Größe hatten, klappte es tadellos.

Meine Dame, die Tanzpartnerin, stellte sich als Flop raus. Die tanzte den ganzen Abend mit ihrem Freund, so daß ich Neese war. Ein für mich mißglücktes Fest. Vor Wut trank ich wohl ein bißchen zuviel und aß so Sachen mit Schlagsahne und Eis, was mir gar nicht gut bekam. Mit ein paar Kollegen, bei denen es mit ihren Partnerinnen auch nicht klappte, verbrachten wir den Abend. Leider rumorte es in meinem Bauch. Ich mußte wohl doch gesündigt haben. Die Lage spitzte sich zu. Ich hielt es nicht mehr aus und rannte zur Toilette. Da stand eine lange Schlange. Ich zur Hintertür und hinaus in den Garten. Bis in die Ecke, wo ein gewaltiger Baum stand. Nichts wie Hosen runter und raus mit dem Druck im Körper. Der große Baum hatte auch dicke Wurzeln über dem Boden. Die wurden mir zum Verhängnis. Ich fiel zu Boden. Ich rappelte mich auf und versuchte, meine Kleider zu ordnen. Es gelang mir natürlich nicht, die Hosenträger in die richtige Ordnung zu bringen. Ich hielt die Hosen fest und schlich mich nach Hause. Gott sei Dank war das nicht weit. Ich schlief sehr unruhig und wurde durch die schimpfende Stimme meiner Mutter wach. „Ach, mein Gott, ist der Smoking dreckig!" Ich verhielt mich mäuschenstill. Erst als sie sagte: „Hier ist ja ein Dreiangel, eine gerissene Stelle", da war ich hellwach. Es wurde aber alles in Ordnung gebracht. Es gab ja Kunststopferinnen. Fröses Vater hat nichts gemerkt.

Der Leser dieser Zeilen möge entschuldigen, wenn ich jetzt solche Sprünge von einer Zeit in die andere mache. Mein Hirn ist so voll gespeichert mit den Eindrücken meines Lebens, daß ich nur hineinzugreifen brauch'. Die Erinnerungen sind noch so lebendig, ich empfinde richtige Farbbilder von dem vor so vielen Jahren Geschehenen. Ich wähle dann das Interessante aus, denn ich will niemanden langweilen.

Wir haben in der DDR auch sehr Schönes erlebt. Dazu gehören die Ausflüge zu dem Autobahnsee. Er war durch Bodenentnahme für den Bau der Autobahn Cottbus-Forst entstanden. Er liegt in einer wunderschönen Waldumgebung, elf km von Cottbus entfernt. Wir fuhren mit den Fahrrädern dorthin. Meist drei Familien: Jüttners, Penkas und Blanks. Die Mutti war damals noch stabil. Ihr machte die Fahrt nichts aus. Sie packte auch die erforderlichen Nahrungsmittel und Getränke ein. Penkas hatten ein großes Zelt, was sie immer aufstellten. Wir tollten in dem schönen, klaren Wasser herum. Im Wald gab es reichlich Pilze. Wir hatten eine wunderbare Erholung. Die Kinder kamen auch voll auf ihre Kosten. Die Umgebung des Sees bot so viel Gelegenheit für Spiele aller Art. Vielleicht, weil es dort so schön war, sind wir zu oft rausgefahren.

Einmal hätten wir wirklich zu Hause bleiben sollen. Die Wettervorhersage deutete es schon an. Es war ziemlich durchwachsen. Die Sonne schien, und wir ließen uns nicht zurückhalten. Volle Besetzung. Alle drei Familien. Paul Penka baute das Zelt auf, allerdings nicht auf einer Anhöhe, sondern in einer Mulde. Das sollte sich später als falsch erweisen. Die Sonne schien und alles wickelte sich wie üblich ab. Es tauchten Wolken auf, die sich immer mehr verdichteten. Ferner Donner grollte. Der Himmel war dunkel und Blitze zuckten. Es regnete in Strömen. Die ganze Gesellschaft rettete sich in Penkas Zelt. Paule und ich machten die größte Dummheit unseres Lebens. Wir badeten, obwohl die Blitze ringsum einschlugen. Aus dem Zelt kam Geschrei. Die Mulde hatte sich mit Regenwasser gefüllt und alle saßen im Wasser. Nun war natürlich kein Bleiben mehr. Alles war klitschenaß und wir packten unsere Sachen zusammen und machten uns auf den Heimweg. Nicht weit. Da sahen wir Rettungsfahrzeuge stehen vom Roten Kreuz. Wir wurden vorbeigewinkt und sahen zwei Häufchen am Straßenrand liegen. Am nächsten Morgen lasen wir in der Zeitung, daß ein Ehepaar unter einem Baum Schutz gesucht hatte und vom Blitz erschlagen wurde. Immer, wenn wir später an dem Baum vorbeifuhren, dachten wir an das grausame Geschehen.

Das geschah in einer Zeit, wo wir uns schon ganz schön an das Leben in der DDR angepaßt hatten. Ich möchte aber auch noch erzählen, wie es aussah, als ich 1946 aus der amerikanischen Gefangenschaft zurückkam. Oh, es war bitter. Die armen Hausfrauen, die täglich was Eßbares auf den Tisch bringen mußten, haben Heldenhaftes geleistet. Aufgrund der Markenwirtschaft war der Speiseplan kärglich. Brot und Kartoffeln waren Mangelware. Fett und Fleisch nur auf die 5- und 10-Gramm-Marken. Kartoffeln durften nicht geschält werden. Ein zusätzliches Brot kostete 40 Mark. Unerschwinglich. Aus Haferschalen buk ich Plätzchen, die die Kinder heißhungrig aßen. Die Mutter wollte nicht ran. Es gab da auch undefinierbare Brotaufstriche, die scheußlich schmeckten. Wenn es einmal Kürbissuppe gab, war das eine Köstlichkeit, aber auch nur mit Süßstoff zu verspeisen.

Ein jämmerliches Leben. Ich versuchte auf dem Dorfe, Malerarbeiten gegen Lebensmittel auszuführen. Es verschlug mich nach Leuthen. Ich hatte bald ein paar angenehme Kunden, wie Baurigks und andere, die meine Not noch ausnutzten. Bei den Vernünftigen wurde ich mit Speis und Trank versorgt, wenn ich auch bei der Abrechnung nur Kartoffeln und höchstens Weizenmehl bekam. Fettigkeiten wie Butter oder Speck waren tabu. Die Unvernünftigen ließen mich auch noch darben. Dünne Süppchen und das Abendbrot manchmal erst um acht Uhr.

Als Brotaufstrich pürierten wir viele Zuckerrüben. Die Bauern hatten einen bösen Ruf. Als Selbstversorger konnten sie leben und gaben einiges von ihren Vorräten nur gegen Wertvolles ab. So entstand auch die Floskel vom Teppich im Kuhstall. Ich hatte Gelegenheit, die grausame Praktik mitzuerleben. Die ganze Bauernfamilie saß mit mir beim Mittagessen. Auf dem Tisch war Leinwand ausgebreitet. Auf diese wurden die Pellkartoffeln geschüttet. Es gab Quark dazu. Eine verhärmte junge Frau, sicher aus Cottbus, kam und bat um Eßbares. Nun hätte es doch nahegelegen, ihr ein paar von den gekochten Kartoffeln zu geben. Aber nichts da. Da die Arme nichts anzubieten hatte, wurde sie abgewiesen. In mir krampfte sich alles zusammen. Ich hätte der Hungrigen gern meine Portion gegeben, aber sie wurde gewissermaßen weggejagt. Es war eine ganz schlimme Zeit.

Ich machte natürlich auch solche Tauschtouren. Ich fuhr mit meinem alten Fahrrad auf die Dörfer, um etwas Kaubares zu ergattern. Da ich Nichtraucher bin, hatte ich wenigstens Raucherware zu tauschen. Wir hatten auch ein paar abgelegte Kindersachen, die auch zum Tauschen geeignet waren. Da bin ich sogar die kleinen Schuhe losgeworden, die ein Loch in der Sohle hatten. Mit gekautem Brot verkittete ich das Loch und schwärzte die Schuhe mit Schuhcreme. Einmal war ich bis in Eichow, so ungefähr 15 Kilometer von Cottbus entfernt. Der erste Bauer fragte mich gleich, ob ich nicht Kammgarnanzugstoff hätte. Damit konnte ich nicht dienen. Aber er war auch schon mit Tabackwaren zufrieden. Die Ausbeute war ein Säckchen Kartoffeln und eine Tüte Saubohnen. Hülsenfrüchte wie Erbsen, aber größer. Wir aßen sie alle ganz gern. Ich schwang mich aufs Rad. Doch leider war am Ortsausgang die Fahrt zu Ende. Das alte Material; der Hinterreifen hatte seinen Geist aufgegeben. Ich hatte einen Platten. Ich machte natürlich Mantel und Schlauch ab und schob mein Rad in Richtung Cottbus. So eine Strecke von 15 Kilometern dehnt sich natürlich, aber ich landete mit meiner Beute wohlbehalten zu Hause.

Ja, und jetzt sitze ich nach dem Mittagessen von der Volkssolidarität und überbrücke die Zeit bis zwölf Uhr mit Schreiben. Denn das Essen kommt immer so gegen elf Uhr und das ist für die Bettruhe zu früh. Ich überlege immer öfter, daß ich jetzt den Status meines Vaters erreicht habe, und ich kann es jetzt nachfühlen, was er durchgemacht hat und was alle Menschen in dieser Lage durchmachen müssen. Wenn man nur das Denken ausschalten könnte.

Mein Vater war nach einigen Umzügen in einer Kammer bei Kaufmann Brauer am Oberkirchplatz gelandet. Der schäbige Rest seines ehemaligen Mobiliars, ein Bett, ein Tisch, ein paar Stühle und ein Schränkchen – füllten den kleinen Raum. Ein alter Kachelofen erwärmte im Winter notdürftig den Raum. Ich fuhr mit meinem Malerwagen die übliche Rohkohle und etwas Holz heran. Der Ofen war nicht in Ordnung. Es roch immer stark nach Rauch. Opa hatte, um etwas mehr Wärme zu empfangen, eine Fußbank vor den Ofen gestellt, stand darauf und lehnte sich gegen die Kacheln. Ich habe das damals alles beobachtet und es nicht so empfunden.

Welch erbärmliches Leben. Der arme Kerl hatte doch auch keine artgerechte Verpflegung. Er hatte zwar junge Frauen kennengelernt, denen es genauso dreckig ging. Sie brachten ihm hin und wieder etwas warmes Essen. Er gab ihnen dann ein paar Mark, damit sie mit ihren Kindern überleben konnten. Heute tut einem alles so leid. Aber wir hatten ja versucht, den Opa bei uns aufzunehmen. Erst hatte ihn meine Schwester Grete ein Jahr lang in ihrer Wohnung gehabt und dann wir. Es war aber nicht möglich, mit ihm auszukommen, weil er sich nicht anpassen konnte. Es war aussichtslos, ihn zu integrieren. Er wollte uns zu seinem Tagesablauf zwingen und zu seiner Hausmusik. Und mischte sich in Kundengeschäfte ein, ich war doch selbständig.

Die Bauern hatten es da eigentlich leichter. Das sogenannte Ausgedinge. Die Alten bekamen einen Raum und wurden bis an ihr Lebensende versorgt. Da kam die Würde vielleicht auch manchmal zu kurz, aber der letzte Lebensabschnitt war doch unkompliziert gesichert.

In bezug auf die Erinnerung an das Dahinvegetieren meines Vaters komme ich auf meine eigene Lage. Ich habe doch eigentlich ganz andere Bedingungen für meinen Lebensabend. Ich habe eine schöne Wohnung, bin finanziell einigermaßen gesichert. Die Rahmenbedingungen sind da. Ich lebe doch in einem gewissen Luxus. Und doch ist in mir eine Leere, die vielleicht nur von Experten nachempfunden werden kann. Ohne Aufgaben und Verpflichtungen, abgeschnitten von allem Lebenswerten, verfluche ich meine Gefühle und die Fähigkeit des Denkens und Grübelns. Ich habe keine Angst vor dem Tode, nur vor dem Ende. Ich will doch nicht in ein Heim. Ich habe nur ein Altersheim kennengelernt, wo meine geisteskranke Frau gestorben ist. Ich war erschüttert von dem vielen Negativen, und Berichte im Fernsehen haben mir bestätigt, daß die Fürsorge für die alten Menschen noch sehr im argen liegt. Wäre ich Millionär und könnte so ab 5.000 DM im Monat bezahlen, wäre ein Sterben in Würde möglich.

Noch bin ich ja beweglich und kann mein Frühstück und Abendbrot gestalten. Mein Gehwagen ist mir auch eine wunderbare Hilfe. Ich kann auch noch so schön bei Plus einkaufen gehen und meine Rundgänge an der frischen Luft machen. Doch die Uhr tickt Sekunde für Sekunde in die Zukunft. Und da kommen innere Unruhe und Grübeln auf.

Da ist mir noch das Schicksal und Ableben meines Nachbarn in frischer Erinnerung. Ich weiß noch, wie ich Herrn Schnabel zum erstenmal sah. Unterwegs, um weggeworfene Papierreste und ähnliches einzusammeln. Er war die Seele in unserem Teil des Plattenblocks. Er war ein Universalgenie. Er konnte alles. Seine handwerklichen Fähigkeiten waren uns allen unheimlich. Er baute aus einem Waschmaschinenmotor einen Rasenmäher.

Er, als gelernter Kunsttischler, drechselte riesige Kronleuchter und Spiegelrahmen. Im Keller stattete er einen Gemeinschaftsraum mit Paneelen und Möbeln aus. Er hatte die Fähigkeit eines Elektroingenieurs und war immer zur Stelle, wenn Probleme mit dem Strom auftraten. In bezug auf Allgemeinwissen war man erstaunt, was in diesem klugen Kopf gespeichert war. Mit Schnabel konnte man über alles reden. Im Krieg war er Schirrmeister gewesen und später Fahrer eines Generals. Ein paar Jahre hatte ich einen wunderbaren Gesprächspartner und einen Helfer in der Not. Ich habe es eigentlich nicht gemerkt. Es muß ganz allmählich angefangen haben. Freund Schnabel hatte eine unheilbare Krankheit – Knochenschwund. Er kämpfte verzweifelt dagegen an. Er versuchte es mit Sauerstofftherapie und Luftreinigungsapparaten.

Seine Schwäche nahm zu. Er bekam von der AOK einen Rollstuhl. Seine Sehnsucht, einen elektrischen zu bekommen, hat sich nicht erfüllt. Frau Schnabel fuhr ihren Mann spazieren. Bei gutem Wetter saßen wir auch auf dem Wäschetrockenplatz. Die Krankheit war heimtückisch. Sie schwächte Herrn Schnabel immer mehr. Es kam so weit, daß er nicht mehr auf den Rollstuhl konnte und sich ins Bett legte. Er kaufte sich einen kleinen Fernseher, damit er im Bett fernsehen konnte. Ich besuchte ihn fast jeden Tag. Inzwischen wurde ja auch die Pflegeversicherung in Anspruch genommen. Dreimal täglich kamen unterschiedliche Personen, die Frau Schnabel unterstützen sollten. Es gab da manchen Ärger. Nicht alle Menschen sind für so einen Beruf geeignet. Und nachts war ja Frau Schnabel sowieso mit dem Elend ihres Mannes allein. So war das eine furchtbare Zeit, die an ihren Kräften zehrte. Herr Schnabel wurde immer schwächer, so daß ich ihn nicht mehr verstehen konnte. Und eines Morgens sagte mir Frau Schnabel, daß sie ihren Mann per Notruf einliefern mußte. Er bekam keine Luft mehr und mußte im Klinikum beatmet werden. Auf der Intensivstation lag er dann noch einen Tag, und dann war sein Leiden zu Ende. Für mich war das besonders schmerzlich, weil wir so befreundet waren und ich in meinem Singledasein, wenn er noch lebte, eine große Hilfe gehabt hätte.

Ich war dabei, unsere neue Wohnung zu renovieren. Ich tapezierte gerade den Korridor, als Frau Schmidt aus dem ersten Stock mich besuchte. Eine ältere Dame, die außerordentlich kontaktfreudig war, wie wir nachher auch immer wieder feststellten. Sie lebte mit ihrem Mann, einem höheren Eisenbahner, in einer Vierraumwohnung. Die Kinder waren, als sie selbständig wurden, ausgezogen. Der Sohn, ein Arzt, war erst in Hoyerswerda tätig, und als seine Frau in einem Dorf bei Dresden ein Haus erbte, machte er dort eine Praxis auf. Seine Frau ist auch Ärztin. Die Tochter, bei Köln wohnhaft, hatte das Glück, eine Sekretärinstelle bei einem großen Schuhfabrikanten zu bekommen. Der Chef stammte aus kleinen Verhältnissen und behandelte seine Angestellten sehr sozial. Eine unheilbare Erkrankung raffte ihn aber hinweg. Er war nicht mehr der Jüngste, hatte aber vorher einen Plan für die Versorgung seiner Angestellten ausgearbeitet. Besonders gut schnitt die Tochter von Frau Schmidt ab. Sie bekommt eine lebenslange Rente. Ihr Mann ist Zahntechniker, ein herzensguter Mensch, der bei Besuchen bei Frau Schmidt begehrte Geschenke aus dem Westen mitbrachte.

Schmidts hatten einen Garten zwischen den Eisenbahnschienen, mit vielen Obstbäumen, in welchem wir schöne Stunden verbrachten. Es war eine schöne Zeit. Plötzlich dann der Tod von Herrn Schmidt. Sein Herz war ja geschwächt, aber bei normalem Verlauf hätte er noch ein paar Jahre leben können. Es geschah mitten im schönsten Sommer. Herr Schmidt bekam hohes Fieber. War es nun eine Lungenentzündung? Wir haben es nie erfahren. Herr Schmidt verschleimte so, daß er kaum noch atmen konnte. In ihrer Todesangst schickte Frau Schmidt ein Telegramm an ihren Sohn, der an der Ostsee im Urlaub war. Gleichzeitig holte sie Frau Dr. Blohm. Es vergingen drei Tage und vom Sohn keine Nachricht. Frau Schmidt ging zur Post, und da lag noch das Formular des Telegramms. Es war aus unerklärlichen Gründen nicht befördert worden. Der Sohn kam zu spät. Er wies den Vater nach Kolkwitz ein, was die gute Frau Dr. Blohm vor drei Tagen hätte machen müssen. Aber der Vater verstarb. Wir hatten dann noch ein paar schöne Jahre mit Frau Schmidt.

Wir waren so eine kleine Gemeinschaft, mit Frau Schnabel, Frau Heidergott und Frau John, und waren viel in Schmidts Garten oder saßen vor dem Haus. Frau Schmidt war, nach ihren Angaben, in ihrem Leben nie krank gewesen und hatte doch die ärztliche Betreuung durch ihren Sohn. Deshalb wunderten wir uns, daß auch sie zu kränkeln anfing. Sie hatte es mit dem Herzen. Ihr Sohn wies sie in Dresden in eine Spezialklinik ein. Sie wurde nach Wochen entlassen. Wir dachten, es ist alles in Ordnung. Doch wenige Wochen später mußte sie wieder nach Dresden und kam nicht mehr zurück. Man hatte alles Mögliche getan, aber sie war nicht zu retten gewesen. Ihre Urne kam nach Cottbus. Sie durfte aber aus bürokratischen Gründen nicht im Grab ihres Mannes versenkt werden und bekam eine eigene Stelle.

Ich habe einige Male, zu verschiedenen Zeitabschnitten, das Cottbuser Krankenhaus kennengelernt und kann über interessante Geschehnisse berichten. War es Schicksal oder nur purer Leichtsinn von mir, als ich bei Malerarbeiten im Büro der Technik von der Leiter stürzte? Die Ärztin, die meine Geschichte protokollierte, sagte, noch kein Unfallbetroffener konnte was über das Geschehen in den Zehntelsekunden des Unfalls aussagen. Da ist ein Blackout, und keiner weiß, wie es passiert ist. Ich wollte beim

Deckeabwaschen natürlich ein recht großes Stück ohne Positionswechsel bearbeiten, und da muß die Leiter auf dem nassem Linoleumboden gerutscht sein. Ich fand mich auf dem Boden wieder, zwei Frauen bemühten sich um mich. Ich konnte mich vor Schmerzen nicht bewegen. Die Röntgenaufnahmen zeigten später einen Beckenbruch, und das rechte Handgelenk war gebrochen. Wie ich darauf kam, daß ich nach ambulanter Behandlung wieder nach Hause komme, kann ich heute nicht begreifen. Ich bat die Angestellten, meiner Frau nichts zu sagen, obwohl unsere Wohnung ganz in der Nähe war. Sie waren auch so naiv und entsprachen meiner Bitte. Der Unfall war so gegen neun Uhr passiert. Und ich habe fast den ganzen Tag im Korridor des Krankenhauses gelegen. Die erste Röntgenaufnahme war zu schlecht, so daß die Ärzte eine neue anforderten. Die Eingipsung der Hand dauerte auch. Es war zum Verzweifeln. Es war mir ja nun klar, daß ich in den nächsten Wochen nicht nach Hause käme.

Was nun? Und da nahte der rettende Engel in Gestalt einer Bekannten aus Groß Osnig. Elli rief bei einem Sportartikelgeschäft in unserem Hause an, und bald war meine Familie da. Ich kam auf ein Krankenzimmer. Leider war ich mit meinen Schmerzen allein. Ich bekam keine Schmerzmittel, oder sie waren zu schwach, so daß ich die fürchterlichste Nacht meines Lebens verbrachte. Die Behandlung dauerte zehn Wochen. Eine Quittung für ein paar Sekunden leichtsinniges Verhalten.

Der Malerberuf wird wohl von vielen als leichter Beruf eingestuft. Dem ist aber nicht so. Es bleibt ja nicht beim Pinsel. Der Maler muß auch rüsten können in Treppenhäusern oder hohen Räumen, er muß schwere Materialien schleppen. Meine Farbbehälter wogen so um die 60 Kilo. Und gefüllte Eimer an die Leiter hängen ist auch nicht gerade eine kleine Anstrengung. So blieb es nicht aus, daß sich an meiner rechten Bauchseite etwas bildete, was ich anfangs immer wieder zurückstopfte. Aber es wurde immer schlimmer. Diagnose: Leistenbruch. Krankenhaus. Ich hatte das Glück, einen guten Operateur zu bekommen: Dr. Horntrich, der als gläubiger Katholik nur geduldet wurde, weil er so hervorragende Leistungen vollbrachte. Nach allen Vorbereitungen lag ich dann auf dem OP-Tisch. Die Maßnahmen zur Vollnarkose wurden eingeleitet. Über mir ein heller Schein. Eine Schwester hob meinen Arm und ließ ihn fallen. Ich versuchte mich zu bewegen, aber die Spritze, die die Muskelstarre erzeugt, hatte gewirkt. Ich bemerkte ein Wischen an meinem Bauch. Ich versuchte krampfhaft, mich bemerkbar zu machen: Jetzt werde ich mit Schmerzempfindung operiert. Aber im letzten Augenblick wurde es dunkel über mir. Die Narkose hatte voll eingesetzt.

Ich wachte erst im Krankenzimmer wieder auf. Ein 18jähriger Patient, dem ich das erzählte, sagte, daß er das gleiche erlebt habe. Nun hatte ich zufällig in der Zeitung gelesen, daß die Chefärztin für Anästhesie eine neue Variante der Narkose herausgefunden hat. Ich bin ja in solchen Dingen ein Laie, die Substanzen waren auch beschrieben. Mir wurde bewußt, daß ich Versuchskarnickel gespielt hatte. Ich wandte mich daher mit einem Schreiben an die Chefärztin. Ich mußte es heimlich machen, denn die Mutti hätte es nie zugelassen. Ich bekam auch schnell Antwort und wurde vorgeladen, ins Büro der Chefärztin zu kommen. Eine gewisse Unruhe war der Ärztin anzumerken. Sie kam gleich auf mich zu, kleidete mich aus und hängte meine dicke Jacke auf einen Bügel. An der folgenden Diskussion war ich nur zu zehn Prozent beteiligt. Die gute Frau hielt einen langen Vortrag, von dem ich sowieso nichts verstand, da er mit lateinischen Fachausdrücken gespickt war. Ihre Entschuldigung zu meinem Vorfall war, ältere Patienten würden nicht so hoch dosiert eingeschläfert, damit ihre

Funktionen geschont würden. Sie war heilfroh, daß ich mich damit zufriedengab.

Im Jahr 1971 bekam ich Schwierigkeiten mit dem Wasserlassen. Ich quälte mich eine Zeitlang damit ab. Als es aber immer schlimmer wurde, ging ich zur urologischen Abteilung des Carl-Thiem-Krankenhauses. Da war als Chirurg ein Dr. Jungmann aus Greifswald neu eingestellt worden. Beinahe wäre daraus nichts geworden, denn die Stadt verzögerte die Genehmigung einer Wohnung , so daß der Doktor schon woandershin gehen wollte.

Wie zu erwarten, stellte Dr. Jungmann bei mir Prostata Stufe III fest. Also allerhöchste Eisenbahn. Der Doktor war optimistisch mit dem Operationstermin, aber die Oberschwester sagte: „Aber in welchem Jahr?" So mußte die Warteliste ganz schön lang sein.

Nun wartete ich Monat für Monat, bis mir ein Bekannter einen Tip gab. Da ist doch ein Büro, wo eine Sekretärin sitzt, die die Termine auch beeinflussen kann. Ich griff den Rat auf und fuhr zum Krankenhaus. Die Sekretärin zeigte mir die Liste und machte mir keine Hoffnung auf eine baldige Operation. Da sah ich auf der hellen Tapete Buntstiftschmierereien. Ich nahm mein scharfes Taschenmesser und schabte die Malerei ab. Mein Glück wollte es, daß gerade in dem Augenblick der Doktor reinkam. Er sah das, fragte mich nach meinem Beruf und jauchzte: „Jetzt habe ich endlich einen Maler. Das war an einem Dienstag. Freitag war eine Karte im Kasten. Montag früh antreten im Krankenhaus zwecks Operation.

Nun mußte erst der Körper gestärkt werden. Vor allem das Herz. Mit meinen 62 Jahren zählte ich schon zu den Älteren. Nach einer Woche wurde erst die kleine Operation durchgeführt. Ich wurde sterilisiert, die Samenstränge wurden durchtrennt. Das wurde nur bei einer Vereisung gemacht. Eine etwas schmerzhafte Angelegenheit. Nach einer Ruhepause kam dann die große Operation. Dr. Jungmann und Dr. Philipp operierten.

Ich habe schon einige Berichte über Prostataoperationen im Westen im Fernsehen gesehen. Sie unterscheiden sich grundlegend von dem, was man mit mir gemacht hat. Die Westchirurgen verbreitern lediglich den Harnleiter durch Ausschaben. Die Patienten müssen immer damit rechnen, daß sie über kurz oder lang wieder auf dem Operationstisch liegen. Mir sagte Dr. Jungmann: "Jetzt können Sie beruhigt Ihr ganzes Leben Wasser lassen". Und er hatte recht.

Es sind jetzt 27 Jahre vergangen, die vollkommen beschwerdefrei verlaufen sind. Die Operateure mußten doch einen ziemlichen Keil der umspannenden Vorsteherdrüse herausgeschnitten haben. Mangel zeigte sich nur in den Hilfsmitteln. So waren die Katheter ziemlich hart und ließen sich nicht arretieren. Sie mußten mit Klebeband an den Hoden befestigt werden. Der Doktor schimpfte auch, daß er zu wenige Katheter bekomme, um alle Patienten versorgen zu können.

Mit Jungmanns hatte sich eine angenehme Beziehung aufgebaut. Ich renovierte erst mal ihre Wohnung. Von der irischen Dogge war ich aufgenommen worden. Wir hatten gleich auf den ersten Blick ein prima Verhältnis. Frau Jungmann staunte. Wenn Leute vom Vorstand kamen, brachte sich der Hund beinahe um. Herr Jungmann war Vorsitzender des Hundezüchtervereins. Ich renovierte alle Räume, einzelne Wände wurden auch sehr farbig gestrichen. Auch Fenster und Türen bekamen neuen Glanz. Frau Jungmann versorgte mich mit leckerem Frühstück und Mittagessen.

Jungmanns bauten in der Kolonie Mochowsee einen Bungalow. Sie hatten ja auch schon einen Maler. Frau Jungmann, Besitzerin mehrerer Häuser in Leipzig, wird wohl das Finanzielle erledigt haben. Jedenfalls wurde ich 14 Tage lang von Frau Jungmann zur Kolonie gefahren. Die irische Dogge saß hinter uns und wollte laufend gekrabbelt werden. Ich tapezierte und strich alles nach den Wünschen der Auftraggeber.

Frau Jungmann sorgte auch wieder für mein leibliches Wohl. Sie wollte nachmittags immer frischen Kuchen anbieten, doch einen Nachmittag hatte sie Pech. Es hatte ausgiebig geregnet. Der enge Waldweg war schlammig, und da sie ja immer zu einem kleinen Ort am Schwielochsee fuhr, wo ein guter Bäcker wohnte, rutschte sie mit dem Wagen gegen einen Baum. Ich dachte, daß nur ein Kotflügel ausgewechselt zu werden brauchte. Nein, der Wagen war so konstruiert, daß die ganze Seite ausgewechselt werden mußte. Kostenpunkt 750 Mark. Im übrigen war der Wald sehr pilzreich, und ich brachte manches Gericht nach Hause.

Jungmanns waren sehr oft draußen in ihrem Bungalow. So auch im Spätherbst, als es schon Nachtfröste gab. Die Dogge machte immer allein ihre Ausflüge im Waldgebiet. Eines Tages war sie verschwunden. Alle suchten nach ihr. Das ganze Gebiet wurde umgekrempelt. Bis eines Tages der Revierförster im Mochowsee die Leiche des Verschwundenen fand. Über die Ursache kam man überein, daß der Hund an der steilen Böschung abgerutscht war und im eiskalten Wasser einen Herzschlag erlitten hatte. Alles trauerte um den Lieben.

Nun habe ich noch was ganz Entscheidendes zu berichten. Herr Jungmann war ein starker Raucher. Er ließ es sich nicht ausreden. Seine Frau und der große Sohn versuchten immer wieder, ihm die Gefährlichkeit seines Tuns vor Augen zu führen. Es ist unvorstellbar, wie ein Arzt so leichtsinnig sein kann.

Eines Abends, die Familie saß beim Fernsehen, wurde dem Doktor schlecht. Die Unpäßlichkeit steigerte sich. Frau Jungmann wollte das Krankenhaus anrufen. Der Doktor wurde böse und verweigerte das. Noch am selben Abend verstarb er. Unfaßbar.

Als Onkel Alfred noch lebte, hatten wir ein gutes Verhältnis zur Familie Zarsky. Wir kamen oft zusammen, machten gemeinsame Spaziergänge, spielten abends Rommé. Gingen ins Palasttheater, ein einfaches Kino in Sandow, wo auch viele mit Holzpantoffeln kamen. Ich war ja damals einfacher Malergeselle, Onkel Alfred hatte aber ein Malergeschäft. Bei den Kinobesuchen kam er dann mit ölfarbeverschmierten Händen, weil er so spät nach Hause kam, daß keine Zeit mehr zum Reinigen blieb.

Wir lebten eigentlich zufrieden und empfanden die Mängel, die damals herrschten, nicht so sehr. Mit dem späteren Tod Onkel Alfreds, er starb nach den Kriegswirren an Typhus, veränderte sich das Verhältnis zu Zarskys sehr. Tante Ella hatte jetzt das Zepter, und der Wind pfiff aus einer anderen Richtung. Ursel, eine aus dem Dreigestirn, war ein bißchen liederlich, die Gerda von klein auf putzsüchtig. Sie versuchte immer, durch ausgefallene Moden die Männer zum Hinschauen zu veranlassen.

Die Margot spielte das Aschenputtel und wurde unterdrückt. Sie scherte dann auch beizeiten aus dem Familienkreis aus und heiratete Bubi Nickels. Bubi war ein angenommenes Kind. Herr Nickels hatte ein Fuhrunternehmen mit einem großen Lkw. Er fuhr meist Kohle aus. Der Bubi setzte nach dem Tode seines Stiefvaters die Tradition fort und gründete ebenfalls ein Fuhrunternehmen. Er fuhr dann jahrelang für ein großes Elektrounternehmen.

Ursel heiratete den Karl aus Aue. Karl war im dortigen Uranbergwerk beschäftigt. Dort wurde Uran für die Sowjetunion abgebaut. Die Kumpels waren alle Todeskandidaten. Die hohe Strahlung tötete nach und nach alle Beschäftigten. So auch Karl. Tante Ella zog zu Ursel nach Aue.

Und jetzt kommt Ungewißheit in meine Aufzeichnungen. Tante Ella und Gerda gingen nach Stuttgart. Nur weiß ich nicht, wie diese Verbindung zustande gekommen ist. Gerda war lange Jahre bei einem Automobilkonzern als Servicedame beschäftigt. Was

Genaueres weiß ich nicht. Sie verdiente ja sehr gut und kaufte sich eine Eigentumswohnung.

Mit Tante Ella waren wir verfeindet. Sie hatte Christa in den Schulferien nach Aue genommen und sie dann plötzlich nach Hause geschickt. Angeblich soll Christa unverschämte Forderungen gestellt haben. Dauernd Eis haben wollen und ins Kino gehen. Wir kannten Christa als bescheidenes, zurückhaltendes Mädchen und konnten uns das nicht erklären. Der heftige Briefwechsel brachte die endgültige Trennung. Tante Ella wohnte nun bei Gerda. Sie kränkelte dann und starb. Nun zeigte sich erst der wahre Charakter von Gerda. Sie hatte doch die ganze Rente von Tante Ella verwaltet. Nun zeigte sie sich aber vollkommen stur. Nicht einmal ein kleines silbernes Kettchen, das Margot gern als Andenken gehabt hätte, rückte sie raus. Gerda nahm sogar einen Rechtsanwalt und der schickte Margot eine Aufzeichnung desNachtischinhaltes von Tante Ella.

Daher auch tiefe Feindschaft zwischen den beiden Geschwistern. Margot hat aber auch ihre besonderen Eigenarten. Mit Bubi kam sie besonders gut aus. Ich kann mir es nicht anders vorstellen, als daß sich Bubi seiner Frau vollkommen untergeordnet hat. Er hat sie in ihrem Bereich schalten und walten lassen. Er war ja ein geborener Kraftfahrer und ging ganz in seinem Milieu auf. Als sie das Haus in der Röntgenstraße räumen mußten, wegen Neugestaltung des Wohngebietes, kauften sie ein halbes Haus in der Kahrener Straße.

Bubi baute großzügig Garagen für Lkws und Pkws. Er war glücklich in seinem Element. Allerdings schottete er sich gegen Freundschaften ab. Wir hatten aber Gelegenheit, zu seinen Lebzeiten im Sommer ein paarmal in seinem Garten sitzen zu dürfen. Bubi war nicht gesund. Er hatte nur noch eine Niere, und mit seinem Herzen sah es auch nicht so gut aus. Er hatte keine besondere ärztliche Betreuung, und vielleicht hätte er bei guter Therapie den heißen Tag – über 30° C überleben können. Er schonte sich aber gar nicht und führte draußen eine Reparatur durch. Margot war nicht zu Hause und als sie kam, lag Bubi auf dem Boden der Werkstatt. Der Notarzt konnte nur noch den Tod feststellen. Margots Schmerz war grenzenlos. Sie konnte es nicht fassen. Eine Welt war zusammengebrochen. Sie war wie gelähmt, und wir mußten ihr seelisch beistehen, obwohl das in solchen Fällen aussichtslos ist.

Mir kam auch die Aufgabe zu, bei der Beerdigung an ihrer Seite die Kondolenzen entgegenzunehmen. Wir mußten uns sehr viel um sie kümmern. Leider hatte sie keine Anzeige in die Tageszeitung gesetzt, so daß nach Jahren noch mancher überrascht war, wenn er es erfuhr.

In vielen Dingen ist Margot eigenartig. Ihr Mann hatte ihr auch ein schlimmes Erbe hinterlassen. Bubi hatte sie doch überhaupt nicht über die geschäftlichen Vorgänge unterrichtet, so daß sie sich mühselig in alles einarbeiten mußte. Zum Unglück hatten sie auch noch einen unfähigen Steuerberater, von dem sie sich trennen mußte. Den Lkw ist sie mit Ach und Krach an einen Rumänen losgeworden. Die Ersatzteile hat sie wohl heute noch. Ihre Sturheit, nichts abbuchen zu lassen und zu den Terminen Überweisungen auf die Bank zu schaffen, kostet viel Zeit.

Margot ist eine sehr fleißige Frau, die ihr Grundstück immer in Ordnung hält. Sie hat wunderbare Blumenanlagen. Beinahe zu viel, weil das zuviel Arbeit bedeutet. Aber da läßt sie sich nicht beirren. Noch ist sie gesund und kräftig, aber das wird ja auch mal nachlassen. Von ihrer Tochter Marion und Enkel Gregor hat sie keine Hilfe zu erwarten. Die möchten eher noch einen Batzen Geld von dem Haus, was ihnen als Erben ja eigentlich auch zusteht.

Wo Margot jetzt alleine war, suchten wir sie fast jeden Sonntag auf. Wenn schönes Wetter war, saßen wir draußen im Garten. Da war so eine geschützte Ecke, in der wir schöne Stunden verlebten. Marion hat Probleme mit einem gewissen ~~Kauthöfer~~, einem ehemaligen Oberst der Bundeswehr. Er war in Cottbus stationiert und ist inzwischen pensioniert. Es scheint ihm in Cottbus zu gut zu gefallen. Er ist im Augenblick Chef der Tiefgarage am Lausitzring. Ein „Don Juan" der Neuzeit. Eines Tages war eine Todesanzeige von ihm in der Zeitung, unterschrieben von sechs jungen Cottbuser Frauen. Marion war ihm auch ins Netz gegangen und wurde für einige Monate seine Freundin. Er läßt aber nicht locker und bedrängt Marion nach so langer Zeit immer noch. Sie hat sich extra einen Anrufbeantworter zugelegt, weil sie die ewigen Telefonstörungen nicht mehr aushalten konnte. Er hat auch schon ihr Auto zerkratzt und verfolgt sie immer wieder. ~~Der Kerl muß doch geisteskrank sein~~.

Margot hatte lange Zeit den Mann einer Freundin, die gestorben war, als Bekannten. Der hatte ein Auto, ein älteres Modell, aber es reichte für schöne Fahrten. Vor allem ins Einkaufszentrum am Rande der Stadt. So konnten beide immer groß einkaufen. Der Witwer war auch handwerklich sehr begabt und half in vielen Fällen.

Nicht schön finden wir, daß Margot mit den Nachbarn so uneinig ist. Als diese an sie herantraten, um die Fassade streichen zu lassen, es sind doch zwei halbe Häuser, lehnte sie ab. Die Malerfirma machte ihr ein preisgünstiges Angebot, nur einen Giebel zu streichen. Nix da. Margot blieb stur. So ist die eine Haushälfte schneeweiß und Margots dreckig grau. Eine Schande für die ganze Straße. Margot hat kaum Freunde in der Kahrener Straße. Nur mit Luboschens verbindet sie eine feste Freundschaft. Lubosch hat ihr, als er noch das Fuhrgeschäft betrieb, viel Sondermüll beseitigt.

Margot hat auch bei medizinischer Beratung Fähigkeiten. Ob es immer richtig ist, bleibt dahingestellt. Einmal hat sie sich für die ganze Straße eingesetzt. Es ging um die Bezahlung der Reinigung der Straße durch die Stadt. Da die Straße immer zugeparkt ist, konnte das Reinigungsfahrzeug nie kehren. Die Bürger mußten aber zahlen. Margot hat die grüne Heimatzeitung angeschrieben und eine Unterschriftensammlung aller Anlieger an die Behörde geschickt. Der Fernsehsender Cottbus schaltete sich auch ein. So waren Berichte mit Margots Foto und Interviews im Fernsehsender und in der Heimatzeitung. Margot war kurzfristig berühmt. Die Bezahlung der nicht gereinigten Straße wurde aufgehoben. Aber die Bürokraten waren nicht untätig. Sie legten eine Winterreinigungsgebühr für die Anlieger fest und so müssen die Hausbesitzer wieder brav zahlen.

Margot ist zeitweise eine gute Seele. So hat sie vielen alten Frauen geholfen, wenn sie krank waren. In einem Fall war sie besonders herzensgut. Eine Frau lag im Krankenhaus, und Margot hatte den Wohnungsschlüssel und versorgte die alte Dame mit allem Nötigen. Ich kann nicht begreifen, warum sie sich uns gegenüber so abweisend verhielt.

Wir mußten fünfeinhalb Wochen auf die Feststellung der Pflegeversicherungsstufe warten. Ich war am Ende meiner Kräfte, bin ja dann auch schwer krank geworden. Bronchitis, Rhythmusstörungen des Herzens, Wasser in den Beinen. Mit mir sah es gar nicht gut aus. Aber Margot ließ sich nicht sehen. Ich rief sie an und bat sie, uns doch einmal zu besuchen. Sie kam. Das erste Mal, aber nur fünf Minuten. Sie zog sich nicht einmal die Jacke aus. Das war das Ende unserer Verwandtschaft. Ich möchte Margot nicht mehr sehen.

Mit ihrer Schwester Gerda hat sie sich auch vollkommen zerstritten. Und die brauchte doch etwas Zuneigung. Gerda hat ihr ganzes Leben als Single verbracht. Sie hat eine Tochter, aber mit der verträgt sie sich auch nicht. Gerda hat ihr Leben schlecht gestaltet, und das wird sie in einsamen Stunden immer wieder bitter empfinden.

Da hat Ursel in Aue Glück gehabt. Sie lernte einen Witwer kennen, der eine schöne Wohnung hat, ein großes Auto und materiell gut gestellt ist. Die beiden verstehen sich gut, leben aber nicht zusammen. Machen schöne Fahrten und Urlaub, und das geht jetzt schon bald drei Jahre einwandfrei. Man kann das Ursel auch wünschen, denn sie hat ja nicht viel von ihrem Leben gehabt. Ihr Mann ist doch durch die Uranaffäre so jung gestorben. So, das war ein kleiner Ausschnitt aus der Familiengeschichte der Zarskys.

Nun mal etwas Berufliches. Es zeigte sich bei mir schon in früher Jugend eine Begabung im Zeichnen und Malen. Ich hatte keine Ausbildung, sondern habe mir das Erforderliche selbst beigebracht. So holte ich als Malerlehrling schon die ersten Preise. Ich malte in Aquarell und Öl und wollte sogar die Anerkennung als Künstler. Das ist Gott sei Dank gescheitert, denn das wäre ja ein Hungerleben gewesen. Man nahm mich aber in der Berufsgruppe gleich ran. Ich wurde als Lehrer in unserer Malschule eingesetzt. Zehn Jahre lang war ich Vorsitzender der Gesellenprüfungskommission und ebensolange stellvertretender Obermeister. Als dann die gewerbliche Berufsschule eingeführt wurde, brauchte man nicht lange zu suchen, Jüttner machte den Fachlehrer. Einige Kollegen trauten mir das nicht so recht zu, aber die Direktorin der Schule sagte, wenn der Lehrer von den Schülern angenommen wird, dann ist er auch fähig. Wir malten mit den Lehrlingen einige Klassenzimmer aus. Vor allem unseres und das der Friseure. Die Frisuren im Laufe der Jahrhunderte waren wunderbare Objekte. So hatte ich Ruhe in meiner Klasse.

Die Berufsgruppenversammlungen waren immer sehr lebhaft. Es ging da meist um das fehlende Material und Werkzeug. Die Kollegen arbeiteten noch viel mit ihrem alten Werkzeug, welches natürlich immer schlechter wurde. Viele fuhren nach West-Berlin, um sich mit dem Nötigsten einzudecken. Ich holte mir auch mein Deckweiß in Berlin, weil ich viel Küchenmöbel gestrichen habe, für die Tischlerwerkstatt Scholle. Ein Küchenschrank ist sogar auf der Leipziger Messe ausgestellt worden. Ich fuhr dann immer mit dem Zug gegen vier Uhr früh zurück, weil der nicht kontrolliert wurde. Kollege Resag mußte einmal sogar wegen eines winzigen Ersatzteils seines Spritzapparates mit dem Auto bis nach Thüringen fahren. Schriftliche Korrespondenz half da nichts. Nur weil er der Sekretärin eine Schachtel Konfekt überreichte, bekam er sein Teilchen.

Ja, es war eine schlimme Zeit, aber das Handwerk überlebte. Und doch gab es auch viele schöne Stunden. Die Genossenschaft veranstaltete schöne Vergnügen, mit Abendessen und einer Flasche Wein und einer halben Flasche Sekt. Später wurden sogar Schlachtefeste gefeiert. Da ging es in ein Dorfrestaurant, und das Schwein wurde in seine Köstlichkeiten aufgeteilt. Die Genossenschaft veranstaltete schöne Busfahrten ins Erzgebirge und in die Tschechoslowakei. Auch Dampferfahrten auf der Elbe. Das Leben in der DDR war also doch nicht ganz so trist. Die Handwerkskammer unterhielt auch Ferienheime in Ahlbeck und Gehren. Ich hatte einmal Gehren gebucht, aber aufgrund meines Beckenbruchs konnte ich die Reise nicht antreten. Die Handwerkskammer organisierte auch schöne Weihnachtsfeiern für Senioren. Da konnte man wenigstens einmal im Jahr mit den alten Kollegen zusammenkommen. Der Bäcker-Männerchor sang Weihnachtslieder, und es gab noch einen Stollen als Mitbringsel für die Frauen.

Zehn Jahre habe ich den Vorsitz im Gesellenprüfungsausschuß geführt. Ich habe da auch so einiges erlebt. Vor allem Kollege Schütte hat mich gefordert. Er mischte sich öfter in die Arbeit der Kommission ein und wollte, daß seine Lehrlinge, wenn sie auch noch so schlecht waren, die Prüfung bestehen. Einmal mußte ich die Prüfung abbrechen, damit er den Prüfungsraum verließ. Einmal habe ich mich gegen die Berufsschule durchgesetzt. Ein Prüfling aus dem Lackiererhandwerk hatte eine wunderbare Arbeit geleistet, die Tür eines Pkws lackiert, sollte aber aufgrund seiner sehr schlechten theoretischen Leistungen durchfallen. Ich kämpfte für den jungen Mann und siegte. Ein besonderer Fall schlug hohe Wellen. Ein Vater eines Prüflings wollte sich nicht mit der Note „Drei" des Prüfungszeugnisses abfinden. Für die Aufnahme in eine Kunsthochschule mußte er eine „Zwei" haben. Der Vater ging bis zum Bildungsminister. Wir hatten sogar eine Sitzung mit einem Staatssekretär, aber Jüttner ließ sich nicht erweichen. Ich konnte mit gutem Gewissen die schlechte Arbeit des Prüflings nicht honorieren. Soweit der Ärger als Vorsitzender der Kommission. Nun aber wieder zu erfreulichen Erinnerungen.

Der alte Kollege Klippel war im allgemeinen mit Vorsicht zu genießen. Aber er hatte einen Skoda Octavia, und er nahm uns öfter auf seine Wochenendausflüge mit. So lernten wir einige Touristenpunkte kennen. Wir kamen ins Erzgebirge, nach Meißen, Moritzburg, in die Sächsische Schweiz. Alles, was man so an einem Tage erreichen konnte. Dresden, das grüne Gewölbe und die Gemäldegalerie im Zwinger haben wir ja durch Wolfgang kennengelernt. Die Sächsische Schweiz haben wir von der Bahn aus gründlich durchstreift. Die Tschechoslowakei hat uns Wolfgang im grenznahen Raum auch gezeigt. Es waren viele sehr schöne Stunden gewesen, wenn man sich so erinnert. Die Elbe hatten wir bis Schmilka auch befahren.

Doch unsere Malergenossenschaft hat uns einen ganz besonderen Knüller präsentiert. Eine Fahrt mit dem Dampfer elbaufwärts bis nach Usti nad Labem. Es war eine Zweitagesfahrt vorgesehen. Es war ein Sonderzug. Wir mußten schon vor vier Uhr auf dem Bahnhof sein, denn der Zug fuhr pünktlich ab. Es war ungemütlich in den Abteilen, die wahrscheinlich mit dem Schlauch ausgespritzt waren. Es war noch alles naß, und auf dem Fußboden waren noch Pfützen. Wir mußten damit vorliebnehmen, und der Zug hielt ja nirgends, so daß wir schnell in Dresden waren. Nun ein Spaziergang bis zur Dampferhaltestelle. Der Dampfer wartete schon auf uns, und wir nahmen unsere Plätze im Inneren des Schiffes ein. Es war recht eng zwischen den Tischen, denn man wollte ja recht viele Passagiere unterbringen. Es war noch ziemlich kühl, und so blieb alles unter Deck. Es gab dann auch Frühstück, aber beide Tage zum Zubeißen nur Plätzchen. Der Koch hatte diese wohl eingebunkert, um nicht zuviel Arbeit zu haben. Das Schiff fuhr recht langsam stromaufwärts. Es war ein Veteran der ersten Tage. Wir kannten ja vorläufig die Szenerie am Ufer, weil wir die Strecke schon oft gefahren waren. Es gab dann Mittagessen, aber wir wurden nicht verwöhnt. Solche alten Elbdampfer haben wohl nicht die Möglichkeit, ihre Passagiere zu überfüttern, wie man es doch auf Schiffsreisen gewöhnt ist. Die Ausweiskontrolle verlief ganz schnell, und ich machte mich nach oben, denn jetzt kam unbekanntes Gebiet. Mutti und die anderen Frauen blieben unten, denn obwohl die Sonne schien, war es noch kühl. Wir Männer genossen den Anblick der Burgen und kleineren Orte. Wir fuhren gemächlich, und es war schon Spätnachmittag, als wir uns unserem Ziel näherten. Unsere Reiseleiterin holte alle zusammen und erklärte uns Unangenehmes. Das gebuchte Hotel konnte nicht alle aufnehmen, da angeblich Havarien in verschiedenen Zimmern aufgetreten sind. Der wahre Grund, wie wir später erfuhren, war, eine Reserve von Quartieren für Westtouristen bereitzustellen. Die Westmark war doch wertvoller. Die jüngeren Kollegen sollten mit ihren Frauen in einem entfernten Hotel unterkommen. Das gab schon einen ganz schönen Aufstand. Die Reiseleiterin, eine Tschechin, drohte sogar mit der Polizei. Wir fanden schöne Zimmer vor, so ähnlich wie im Hotel Lausitz in Cottbus, mit Bad und Toilette. Wir älteren Teilnehmer waren zufrieden. Die anderen mußten dauernd hin und her, mit einem Bus, der extra dafür eingesetzt wurde. Denn die Mahlzeiten gab es nur in unserem Hotel. Wir waren mit der tschechischen Küche sehr zufrieden. Abends spielte sogar eine böhmische Blaskapelle. Wir schliefen gut und hatten am nächsten Vormittag Gelegenheit, die Stadt zu besichtigen. Wir fanden sie sehr schön. Vor allem die herrlichen Blumenanlagen beeindruckten uns. Wir waren ja so was gar nicht gewöhnt. Nachmittags gingen wir dann zu unserem Dampfer und fuhren stromabwärts in ein paar Stunden nach Dresden. Wir bekamen noch einmal die bekannten Plätzchen und später Abendbrot, und dann strömte die ganze Meute zum Bahnhof. Da erlebten wir dann eine Überraschung.

Wir waren ja so ca. 180 Personen, denn die Kollegen aus Forst und Spremberg mit ihren Frauen, waren ja mit von der Partie. So drängten sich auf dem Dresdener Bahnhof eine Menge Menschen. Gerüchte wurden laut. Unser Sonderzug soll schon einen Tag vorher gefahren sein. Ganz Voreilige fuhren zum Hauptbahnhof und fuhren auf eigene Kosten nach Hause. Unsere Leitung verhandelte mit den Bahnangestellten, und die teilten uns dann mit, daß der für unsere Rückfahrt nach Cottbus bestimmte Zug schon gestern, auf Grund eines Buchungsfehlers, gefahren sei. Man bot uns aber eine Gelegenheit, nach Hause zu kommen. Wir sollten von Doberlug-Kirchhain aus mit dem Schnellzug, der von Berlin nach Krakau fuhr, mitfahren. Es fuhr auch glücklicherweise ein Zug nach Doberlug. Die polnischen Fahrgäste waren natürlich entsetzt, als eine Horde entfesselter Menschen sie in ihrer Ruhe störte. Sie mußten die aus den Sitzen gezogenen Betten aufgeben und sich die Gespräche der teilweise alkoholisierten Deutschen anhören. Wir kamen nun jedenfalls schnell nach Cottbus. Wie aber kamen die Forster und Spremberger nach Hause? Das entzieht sich leider meiner Kenntnis.

Mir fällt ein, daß ich ja noch gar nichts über meine Wanderzeit als junger Malergeselle erwähnt habe, hat doch diese Zeit meinen Weitblick gewissermaßen geprägt. Ich hatte während meiner Jugend schon immer Fernweh. Wie es nun kam, meinem Kollegen Paul Fröse dieses Abenteuer schmackhaft zu machen, ist mir aus heutiger Sicht rätselhaft. Die Zimmerleute, mit ihren weiten Hosen und dem großen, weiten Hut, waren uns ja Vorbild. Bei denen gehörte diese Wanderschaft zur Ausbildung.

Wir, Paule und ich, schufen schlauerweise die Voraussetzungen für dieses Vorhaben. Wir wurden Mitglied unserer Gewerkschaft und Mitglied bei den Jugendherbergen. Unser Meister Emil Schulz war gar nicht begeistert, daß er seine beiden tüchtigen Gesellen auf einmal abgeben sollte. In Übereinstimmung fuhren wir erst mal mit einem Personenzug nach Hamburg. Ich muß noch erwähnen, daß sich alles in den zwanziger Jahren abspielte und eine große Arbeitslosigkeit herrschte. Das sagte uns auch der Beamte auf dem Sozialamt, und daß wir schleunigst Hamburg verlassen sollten. Wir hatten irgendwie erfahren, daß es dort Essenmarken gibt. Wir hatten ja etwas Geld, wollten es aber ein bißchen schonen.

Wir kamen auf diesem Amt zum erstenmal mit Exemplaren der Ausgestoßenen der Gesellschaft in Berührung. In dem Vorraum herrschte ein Dreck! Der Fußboden war mit allem möglichen bedeckt: Papierfetzen, Kippen, Obstreste, Zigarettenschachteln. Eine richtige Sauerei, und die Gestalten, Menschen, Obdachlose, die vollkommen verwahrlost waren. Einer hatte ein eingerissenes Ohr. Die Suppenküche war in St. Pauli, so daß wir das auch gleich kennenlernten. Bunt ausgestattete Etablissements, alles auf Sex ausgerichtet. Alles, um Freier anzulocken. Wir, junge Männer aus einer sittsamen Stadt, waren wie gelähmt ob der Eindrücke, die auf uns einströmten. Wir hörten auf den Mann vom Amt und verließen Hamburg und begannen unsere Wanderschaft in Richtung Lübeck. Wir kamen durchs Holstentor, und in der schönen Altstadt mit vielen historischen Gebäuden fanden wir den Sitz der Gewerkschaft. Es klappte einwandfrei. Wir bekamen eine kleine Geldsumme, und die Frau des Kollegen kochte uns eine schöne Tasse Kaffee und machte uns eine Stulle. Abends ging es dann in die Jugendherberge. Wir hatten ja kleine Hefte, in denen die Adressen standen, und so fing alles ganz gut an.

Unser nächstes Ziel war Travemünde. Ein wunderschönes Seebad. Beeindruckt haben mich vor allem die Dornier-Flugboote. Die Produktionsstätten waren am Ort. Wir bewunderten die riesigen fliegenden Schiffe, die im Hafen vor Anker lagen. Diese Art Flugzeuge scheint aber keine Zukunft gehabt zu haben, denn überlebt haben die kleinen Wasserflugzeuge doch nur in seenreichen Gegenden der Erde. Die Jugendherbergen waren für uns eine segensreiche Einrichtung, denn man konnte für 50 Pfennig übernachten. Allerdings wurden auch Stichproben gemacht. Die Übernachter mußten Geld vorweisen können. Für Penner war das keine Bleibe. Ich habe später immer im Brustbeutel einen 10-Mark-Schein aufbewahrt, auch wenn es mir noch so schlecht ging. Wir erreichten Wismar, eine alte Hafenstadt mit vielen historischen, im gotischen Stil erbauten Häusern. Hat uns der Teufel geritten, oder was war es sonst? In Wismar streikten die Maler, und wir waren so dumm, als Streikbrecher zu fungieren. Reizte uns die schnelle Mark? Wir wurden vom Obermeister der Innung eingestellt. Überlegten aber nicht, daß wir uns damit die Möglichkeit verbauten bei der Gewerkschaft, von Ort zu Ort unseren Obolus abzuholen. Jede Inanspruchnahme wurde nämlich in unser Mitgliedsbuch eingetragen, und bei längeren Pausen erlosch der Anspruch auf diese Wanderschaftsunterstützung.

Ich wurde Mitarbeiter der Malerfirma und mußte mich mit den teilweise seltsamen Methoden der Anstrichtechnik auseinandersetzen. Paule Fröse bekam Heimweh und fuhr nach Hause. Den war ich los. Ich wohnte in einer kleinen Kammer im Hause des Meisters. Ich hatte einen kleinen elektrischen Kocher und einen Topf und einiges Geschirr, und so legte ich den Grundstein für meine Kochkünste. In einer anderen Kammer wohnte der frisch ausgelernte Werner, mit dem ich bald ein herzliches Verhältnis hatte. Er mußte auch eine Portion Fernweh haben, denn er fiel auf meine Schwärmerei rein, und nach einigen Wochen Arbeit und Geld sparen entschlossen wir uns, gemeinsam Deutschland kennenzulernen. Wir rüsteten uns aus. Es wurden sündhaft teure Gebirgsstiefel gekauft, Knickerbocker, ein Lumberjack und ein Tornister. Der ist nämlich sehr praktisch fürs Aufbewahren der Utensilien, die man zwangsläufig braucht. Ich habe auch meine sechs Hefte Mertner-Englisch mitgeschleppt und immer wieder gelernt, so daß ich heute noch wenigstens, bis auf seltene Vokabeln, Englisch lesen kann.

Uns tat ja der arme Obermeister auch leid, aber die geheimnisvolle Ferne lockte.

Wir marschierten, mit einigen Ruhepausen in kleineren Städten, nach Hannover. Eine sehr schöne Stadt. Doch wir merkten, daß es in so einer Großstadt schwierig war, ein Malergeschäft ausfindig zu machen. Denn wir waren ja auf kleine Gaben der Meister angewiesen. Unsere Bekleidung hatte unser Kapital erschöpft. So mußten wir schleunigst das schöne Hannover verlassen. Inzwischen hatte ich langsam meine angeborene Schüchternheit abgelegt und holte mir beim Fleischer für fünf Pfennig Wurstecken. Bei weiblichen Verkäufern hatte ich da meistens Glück. In der Regel konnte ich noch die Pfennige behalten. Beim Bäcker holten wir uns altbackene Semmeln. Wir kamen westlich von Hannover an einen Höhenzug, den Deister. Und in einem größeren Dorf, wir konnten es nicht fassen, bekamen wir alle beide Arbeit. Es war ja schwierig für uns, denn die Maler arbeiteten nur mit Weißkalken. Sie verwendeten kaum Schlämmkreide. Ich habe da natürlich viel dazugelernt und konnte es in späterer Praxis gut gebrauchen. Die Aufträge gingen zu Ende, und wir mußten unseren Ranzen schnüren. Wir kamen unter anderem nach Detmold. Da interessierte uns vor allem das Hermann-Denkmal, inmitten von herrlichen Nadelwäldern gelegen.

Wie gesagt, wir konnten uns ja nirgends aufhalten. Mußten immer wieder bei den Meistern vorsprechen. Es ging jetzt ums Überleben. So bekamen wir herzlich wenig von den Schönheiten der alten Städte und der Natur mit. Es hieß immer, täglich so und so viele Kilometer zu schaffen. Wir sahen in Konditoreien und Schokoladengeschäften in Hameln leckere Ratten und konnten sie nicht kaufen. Alles war hier auf Ratten eingestellt, nach dem historischen Rattenfänger von Hameln. Wir durchquerten den Schwarzwald und die Fränkische Schweiz. Kaum Augen für die herrliche Natur, nur immer vorwärts. Nur gut, daß es Jugendherbergen gab. So konnten wir unsere müden Glieder immer wieder ausstrecken. Einmal haben wir es mit einer Übernachtung im Freien versucht. Die Gelegenheit war günstig. Eine frisch abgeholzte Waldfläche. Das Reisig lag in Haufen herum, und an Brennmaterial mangelte es auch nicht. Wir bauten uns aus grünen Zweigen eine flache Hütte und zündeten uns bei Anbruch der Nacht ein Lagerfeuer an. Wir müssen doch eingeschlafen sein. Der Morgen graute. Das Feuer war schon lange verloschen, und wir froren entsetzlich. Wir hatten doch keine Decken, und obwohl es Juli war, ließ uns die Morgenkühle erschauern.

Wir beließen es bei dem einen Versuch. Etwas anderes machte uns neugierig. Wir wollten einmal in einer Obdachlosenunterkunft übernachten. Gesagt, getan. In einem kleinen Städtchen suchten wir so eine Herberge auf. Wir, gut angezogen, paßten einfach nicht in diese buntgemischte Gesellschaft. Meist ältere Typen, die, der Gesellschaft entwurzelt, von einem Ort zum anderen tippeln. Wir hatten Bedenken, daß man uns von unseren Habseligkeiten was entwenden könnte. Aber es geschah nichts. Wir hatten Gelegenheit, Gesprächen zu lauschen. Die Ausgestoßenen waren in ganz Europa zu Hause und fachsimpelten miteinander. „Servus" war ihr Gruß. Wir mußten früh noch etwas Holz hacken und wurden nach einer Tasse Flüssigkeit und einem Kanten Brot entlassen. Wir schliefen nur einmal in solch einer muffigen Unterkunft. Beinahe hätten wir noch einmal Arbeit bekommen. Auf der Landstraße überholte uns ein katholischer Pfarrer mit seinem kleinen Hanomag mit Drahtreifen. Aus christlicher Nächstenliebe nahm er uns mit. Beim Gespräch erfuhr er, daß wir als Maler Arbeit suchen. „Da kann ich vielleicht helfen." Er kannte einen Malermeister und wollte uns vorstellen. Es war schon spät am Abend, und wir mußten noch auf den Meister warten.

Leider hätte er nur einen von uns einstellen können. Weil wir aber zusammenbleiben wollten, mußten wir weiterziehen. Es wurde schon dunkel, und wir mußten noch bis zur nächsten Jugendherberge. Wir kamen da im Finstern an und hatten Schwierigkeiten, aufgenommen zu werden. Die Herbergsväter sahen es nicht gerne, wenn Schlafgenossen so spät kamen. Sie möchten auch Feierabend haben. Aber es ging glatt. Er konnte uns ja nicht in die Finsternis hinausschicken. Das Verhältnis zu meinem Wanderkollegen, dem Jungmaler Werner aus Wismar, verschlechterte sich zusehends. Ich habe mal über eine Polarübernachtung gelesen, daß sich die Teilnehmer nach langer Zeit entfremdeten und sich sogar gehaßt haben. So was schien sich bei uns auch zu entwickeln. Die Stimmung war gereizt, und wir schnauzten uns immer öfter an. Die Nerven schienen blank zu liegen, und es kam zum Bruch. Werner warf das Handtuch. Mitten auf der Landstraße gingen wir auseinander, ohne irgendwelchen Abschied. Ich war allein und beschloß, mein Vorhaben trotzdem fortzusetzen. Da fehlte ja noch eine ganze Ecke interessantes Deutschland.

Ich ging schnurstracks nach Düsseldorf. Ich hatte keine Zeit, mir irgendwelche Sehenswürdigkeiten anzuschauen. Die Finanzen waren, bis auf die eisernen 10 Mark, aufgebraucht. Nur raus aus der Großstadt. Ich ging nur noch durch die „Kö", die Flaniermeile, ohne mir irgend etwas leisten zu können. Nach Köln war es auch nicht mehr weit. Ich suchte natürlich den Kölner Dom auf. Das gewaltige Bauwerk flößte mir Ehrfurcht ein. Leider litt meine Fähigkeit, Eindrücke aufzunehmen und zu verarbeiten, stark durch den täglichen Kampf, ein paar Mark bei den Malerbetrieben zu erbetteln. Ich ging entlang der Weinstraße, das wärmste Gebiet in Deutschland. Und kam auch nach Heidelberg. Dort war das Schloß mit dem Riesenweinfaß, die Touristenattraktion. Langsam wurde auch ich mürbe. Ich war braungebrannt, eine Haut wie Leder, abgemagert. Aber ich wollte noch ein paar Städte ablaufen. So was kann man wohl nur bei bester Gesundheit machen. Denn ich habe doch bei der Verpflegung arg gesündigt. Warmes Essen war Mangelware, und die Versorgung mit Frischobst, also Vitaminen und Mineralien, äußerst mangelhaft.

Etwas machte mir auch schwer zu schaffen: Die Diskussionen in den Jugendherbergen, sobald die Westdeutschen erfuhren, daß ich aus Cottbus stamme. Sie wußten ja nichts darüber, aber stuften mich gleich als „Pollacken" ein, mit solch einer Selbstüberschätzung und Arroganz, daß es mir weh tat. Nun mag ja die Auswahl der Gesprächspartner nicht repräsentativ gewesen sein, aber ich habe das damals schon gespürt und behaupte, daß es nie zu einer wirklichen Einheit zwischen Ost und West kommen wird. Ich habe nachher, so oft es ging, den Mund gehalten. Der Aufenthalt in der mittelalterlichen Stadt Rothenburg ob der Tauber entschädigte mich dann für vieles. Von dem Kleinod machte ich ein paar Aquarellstudien. Ich quälte mich nur noch vorwärts, und in Bamberg kam dann das Aus. Ich schrieb einen Notbrief nach Hause. Ich schilderte meine Lage, daß ich mit meiner Kraft am Ende sei, und bat, mir Geld für die Fahrkarte zu schicken. Ich hatte das so berechnet, daß ich das in ein paar Tagen in Bayreuth postlagernd abholen könnte. Es klappte dann auch. Meine Eltern schickten sofort ein Freßpäckchen und das Geld nach Bayreuth.

Es ist doch gut, daß es Eisenbahnen gibt. Per pedes hätte ich mindestens noch einen Monat tippeln müssen. Ich vertraute mich dem beliebten Beförderungsmittel an und war in kurzer Zeit in der Heimat. Ich kehrte als verlorener Sohn wieder in den Schoß der Familie zurück und hatte den Eltern sehr viel zu danken, daß sie mich so schnell wieder aufgenommen haben.

Wie schön ist doch das bürgerliche Leben!